你最大的敵人，一直都是自己

何權峰 著

高寶書版集團

CONTENTS

作者序 006

第一章
別讓自己的無能，限制你所能

你是「不為」，還是「不能」？／自我設限 010
要小心你所預言的，很可能成真／自驗預言 016
為什麼明知道，卻做不到？／軟弱與藉口 022
只要有一次破例，就有第二次／拖延症 028
怪獸與牠們的產地／內心恐懼 034

第二章
困在這種心態，你會困在悲慘裡

都是別人的錯，才害我／受害者 042
一心要除魔的人，最易著魔／怨恨與報復 048
令你痛苦的，是你對事情的看法／負面詮釋 054

頭號情敵是自己／錯誤的期待 060
如何做正確的決定？／猶豫與後悔 066

第三章 你不做自己，要叫誰來做？

你不喜歡自己，誰會喜歡？／不接納自己 074
走自己的路，讓別人去說吧／太在意別人 080
別拿別人的價值當自己的／自貶身價 086
別人怎麼對你，都是你教的／沒原則底限 093
你不做，要叫誰來做？／不做自己 099

第四章 用心避免的，會落入一心想避免

注意不想要的，無法得到想要的／聚焦問題 106
出問題都是耐性不夠，不是時間不夠／不耐煩 112

CONTENTS

為什麼這種事一再發生在我身上？／人生課題 118
最嚴重的事，是凡事看得太嚴重／小題大作 124
你總是「想太多」嗎？／反芻思考 130

第五章
未提升的人性，是最大的不幸

永遠不要從別人嘴裡去認識另一個人／說人是非 138
這世上有一種東西百害而無一利／愛發脾氣 144
受不了氣，成不了大器／打擊與傷害 150
世界上最浪費時間的兩件事／擔心與抱怨 156
心態，決定一個人的狀態／敷衍怠惰 162

第六章
正視弱點，迎向轉捩點

如果你都懷疑自己，誰會相信？／沒自信 170
如果不試，怎知道不行？／不敢冒險 176
等我們覺察時，大多早已根深柢固／壞習慣 182
真正讓人無法相處的原因／自以為是 189
看清別人易，認清自己難／不反省改過 195

第七章 你自己要好，這世界才會更好

這輩子就只能這樣？／倦怠和無奈 202
這是個問題，還是機會？／悲觀消極 208
等以後，生命已經過去／錯過人生 214
人的不幸就在，不知自己幸福／不滿足 220
人會受苦的最大原因／抗拒真相 226

自序

每個人都想活出自己，但你真的搞清楚「自己」是怎麼回事嗎？

外面的敵人容易看清，反而是自己不容易認識自己，明白自己，搞定自己。

不知你有否這樣的體會？

總是猶豫不決，無法做出選擇？

明知不可為，仍然做出愚蠢的選擇？

一有困難，不是想逃避，就是想放棄？

面對弱點與錯誤，總掩飾或歸咎他人？

想討所有人喜歡，卻不喜歡自己？

期待順心如意，卻老想不如意的事？

渴望人生能改變，自己卻一成不變？

總覺得快沒時間了，卻遲遲還沒開始？

心裡知道這樣做不對，但還是明知故犯？

聽過毒蠍子過河「寓言故事」吧！青蛙背上載著蠍子渡河，途中蠍子移動尾巴，試圖用毒針刺青蛙。青蛙大叫：

「你為什麼要用毒針刺我？我要是死了，你也會沒命。你又不會游泳！幹麼做這麼愚蠢的行為？」

蠍子回答：「我不知道，我也無法控制我自己。」

有多少次，明知道不應該，但當下就是控制不住。我們控制不住自己的情緒，控制不住自己的欲望，控制不住胡思亂想，控制不住緊張焦慮，控制不住壞習慣，控制不住沒耐性，控制不住自己的脾氣，控制不住想要爆發的衝動……。有多少回，你因某事發怒，做出一些傷人又傷己的事。於是你決定說：「以後我再也不要這樣生氣了，」然後沒多久，你又再度生氣，還氣自己為什

麼生氣，氣別人惹你生氣。你記得自己有多少次情緒失控，而今又改善多少？

人們總是把和我們作對、打擊我們、傷害或陷害我們的人，當作敵人。但我們內在敵人，包含那些負面的性格，黑暗的陰影，憤怒、懦弱、貪婪、怠惰、拖延、悲觀、憎恨、自卑、恐懼，總會不定時輪番跑出來作亂。這敵人從早到晚，從生到死都在干擾我們，阻礙我們、打擊我們、控制我們，我們要注意，這種「無法自控」才是真正的敵人。

俄國君王彼得大帝是個明白人，他說：「我能夠征服帝國，卻不能征服我自己！」印度聖雄甘地也說過：「人的一生，最大的與最艱苦的戰爭，都是與自己的戰鬥。」

古往今來，有多少英雄豪傑能戰勝自己的對手，卻不能戰勝自己的種種弱點而最終毀敗在自己的手裡。人生的挑戰說穿了都是挑戰內在的自己，若是贏得全世界也先別高興，因為你可能輸了自己。

活出自己最大的障礙正是「自己」。只要征服了自己，就沒有人能阻礙你。

第一章

別讓自己的無能，限制你所能

你是「不為」，還是「不能」？——自我設限

孩子在浴缸注滿了水，將飼養的魚放進去，以便清洗魚缸。他刷淨魚缸走進浴室取回那些魚。驚訝地發現，縱使有整個浴缸可以悠遊，魚群卻縮在一塊恰如魚缸大小的水域。沒有任何限制，也沒有東西阻擋，為什麼魚兒不敢自由穿梭呢？

曾讀過一則心理實驗，是關於信念局限性的有趣研究。研究人員在長型水族箱的中央放置一塊玻璃隔版。每回金魚想要游過隔板的時候，就會撞到頭。數次之後，它們適應了只待在水族箱的一邊，免得撞頭。即便後來研究者拿開了玻璃隔版，魚也不會想去水族箱的另外一邊。即便現在已經沒有這種阻隔，但這個信念卻把它們局限了。

任何限制都是在自己內心開始的

請認真審視一下，自己是否也有這些局限的枷鎖？常聽人說：「不可能的，我學歷那麼低，公司怎麼會僱用我？」「我長得不夠漂亮，他怎麼會喜歡我？」「我沒有人脈，怎麼推展業務？」「我沒辦法好好溝通，因為我一向跟他們處不來。」「沒辦法，我本性就是這樣。」我們往往在自己的心裡設置了一道坎兒，阻擋自己前進，這就是所謂的「自我設限」。

任何限制都是在自己內心開始的。「這事我做不好、我不行、我無法完成、我辦不到」，你可能也會有同樣的心聲：「我天生就是不會」、「我不擅長音

樂」、「我對運動沒天分」、「我不是讀書的料」、「我不夠聰明」、「我不善交際」、「我記性不好」、「我還太年輕」、「我年紀太大了」、「我就是這樣的人」……這些內在獨白常常殺傷力驚人，等於定型了你對自己的看法，限縮了自己的潛能。人若抱持這種心態，等於是扼殺所有機會與可能。

馬戲團有個廣為人知的方法：馴獸師為了便於訓練，會先將接受馴養的大象以鐵鍊栓於木柱。初始大象會試著掙扎逃脫，但發現徒勞無功之後，便只能接受現狀。而後馴獸師僅以細繩便能掌控大象，即便牠的力氣足以逃脫，卻也不再嘗試，因為大象已認定自己無法脫身。

那束縛著自己的，通常就是自己。我們原本都有自己想走的路，但在局限思維下，變成了想都不敢想，以為自己只能這樣。

如果連自己都認爲做不到，那就肯定做不到

你是「不為」，還是「不能」？想想看，

你究竟是真的沒辦法，還是沒想出辦法？

你是真的無法完成，或只是未盡全力完成？

有位朋友，他是一名傑出的零售商，好幾年前，我去拜訪，他帶我到幾個超市參觀。在開車回家的路上，我問了他一個問題，「你從原本只有一家店面，擴充到現在有上百家分店，是如何辦到的？」他的回答是，「我相信自己可以辦得到！」

朋友進一步說明。「很多人都習慣只看自己『辦不到的部分』，缺乏信心就難有突破。我和其他人稍微不同，刻意選擇不去注意自己辦不到的部分，這樣就會想各種辦法去處理和解決困難或危機。」

辦不到不是問題，認為「自己辦不到」才是真正的問題。是啊！一旦認為

自己不行，也限制了自己的表現，喪失解決的能力。相反，相信自己一定可以，就能從中找出可行的方法。

澳洲籍的力克．胡哲（Nick Vujicic）的故事，許多人應該聽過。他出身便沒有四肢，然而，他堅持不讓自己的人生因此受限——他不去想自己不能做什麼，而去想自己能做什麼。而今，他生活起居飲食、寫字、打字、用電腦，甚至游泳都不是問題；他還擁有會計及金融學位、擁有自己的公司、出版著作、走遍五大洲近六十個國家，講過千場演講，影響無數生命。

引用愛迪生的話：「如果我們做出所有我們能做的事情，我們毫無疑問地會使自己大吃一驚。」人要去做他不可能做到的事，否則就不能做到他可能做到的事。如果連自己都認為做不到，那就肯定做不到。

把「我不能」這句話回答，改成「我試試看」。

成功需要嘗試，實現理想需要嘗試，個人的成長和突破更要嘗試。

勇敢的嘗試是成功的一半。

如果試都不試，那麼注定要失敗。

不要說「我做不來」，要說「怎麼才能辦到」。

前者總是找藉口，後者則是找方法。前者寸步難行，後者不斷進步。

問自己：如果「一定辦得到」，你會怎麼做？

突破內心裡的自我設限，向自己挑戰吧！

當然，挑戰是困難的，但愈困難，就表示你突破自己，表示你愈來愈強。

要小心你所預言的，很可能成真——自驗預言

一名學生工作多年，但那並不是他想要的，他不敢改變現狀，又沒有勇氣轉行，他語重心長地說：「我沒有選擇。」

我笑答：「是的，你沒有選擇！」

我說的是真的。認為自己別無選擇，這想法就會造成自己別無選擇。

你相信自己做得到，你是對的；相信做不到，你也是對的；

你認為人性本善，你是對的；認為人性本惡，你也是對的；

你認為自己怎麼努力也沒用，社會不公，懷才不遇，所以一無所成，你是

對的；你相信天生我才必有用，不斷努力拚搏，終有一天夢想成真，你當然也是對的。

你認定事實是什麼，便會替自己腦中的信念找到證據，在不經意間使自己的預言成為現實，這即是所謂「自我實現預言」。

用對待壞蛋待人，這個人會變成真的壞蛋

一個人說：「我很倒霉。」這會讓他特別關注一些不順心的事，便驗證了這個自我預言。而另一個人認為：「我很幸運。」這種正面心態又會驗證自己的預測，那就是為什麼好事總發生在自認好運的人身上。

在生活中常有這類事例：你原本預期上台報告會報得很爛，結果一上台果真結結巴巴的，證明了你的預期。有人覺得自己文筆差，抗拒寫作，最後文章了無新意，於是就下出結論：「我早說過了吧，我就不會寫作！」

在人際交往中，是否常聽到：「他／她對我有偏見」、「他／她老和我作對」，等等這樣的抱怨？當我們認為某人「不懷好意」，自然看不順眼。如果我們認為某人是個「壞蛋」，便會採取對待壞蛋的態度和行為來對待這個人，最終這個人會變成真正的壞蛋。

在教育的研究也證實。例如：學生自認為愚笨，其學業成績將日漸低落。教師的預期也影響對學生的差別態度，並影響學生自信、自尊與自我價值，其後造成畢馬龍效應（Pygmalion effect）。

再如，大家的印象中男生數理能力比較優異，女生則在文科多有所長。其實整體來說，男女的文理能力不相上下，只是發展的時間早晚不同，但是他們對自己的看法已根深蒂固了，便「自驗預言」。

孩子愈被讚美，表現愈好；孩子被批評愈多，往往表現愈差，也是同樣道理。當孩子被冠之以某種負面評價時，就好比商品被貼上了標籤，自我價值低落，使孩子逆向發展，這又強化了師長的負面評價，造成惡性循環。

要小心你所預言的，很可能成眞

一個思想消極的人，實際上是在進行自毀的過程。覺得自己不幸的人，很難快樂，因為就算有好事發生，也會懷疑：「我不相信有這種好事。」當有人對你好，你卻說：「對方是有什麼陰謀？」這樣就把人推開了。而那人真的離開，就更確定自己的懷疑：「我就知道他是虛情假意。」

用悲觀的心態去看每一件事情，每天都對自己說：「我是失敗者！」「我一事無成！」「我的運氣很差！」腦海一直充斥這些「自我暗示」，就會變得悲觀消極，自我懷疑，躊躇不前，預言就會成真。

我聽說某學校棒球隊的教練是一個標準的消極人物，凡事都以最悲觀的角度衡量。

有一次，教練帶領校隊坐車到別的學校比賽，一路上，教練對校隊成員抱怨說：「我們一大早就出發，坐了這麼久的車，大家的肌肉幾乎都僵化了，對方卻在學校準備好、等著比賽，我們怎麼可能打得贏呢？」果然，他們那天的比賽成績非常差。

過了一週，另一所學校的校隊要來校內比賽，教練又抱怨：「他們一路上都養精蓄銳，個個看起來生龍活虎，怕是很難贏球！」果然，那天他們又輸了。

在事情尚未做之前，便認為自己會失敗，那麼你不用去做了，失敗正等著你呢！

為什麼自認倒楣的人衰事連連？為何好事總發生在自認好運的人身上？

好的預期往往帶來好的結果，好的結果又強化了原先樂觀預期。相反，壞的預期往往得到壞的結果，而壞的結果又強化了原先悲觀預期果然正確。所以，我們常聽到有人這麼說：「我早就知道，我早有預感，果然不出所料！」

既然我們對自己或他人的預期往往成真。朋友，何妨多給自己以及家人、學生、部屬……來一個正面的「自我實現的預言」。

為什麼明知道，卻做不到？——軟弱與藉口

「你若想做，會找到一個方法；你若不想做，會找到一個藉口。」這句話大家應該都聽過，「知道」跟「做到」兩碼事。

比方，很多人都知道減肥只要少吃多運動。可是有幾個人能做到？大家都知道低頭看手機不好，但還是常這樣做。下決心，開始調整作息，不再熬夜追劇、打電玩，可過了沒幾天又故態復萌。熱血沸騰地說，「從明天起，開始健身、減重。」可是沒幾天又打回原形。看了一本書、聽了一堂課，覺得醍醐灌頂，決定徹底改變，然後就沒有然後了。連續幾年都許下新年新希望，結果堅

持不了多久又不了了之。

為什麼明明知道很重要，卻做不到？

因為藉口太多，理由太多。人的意志力，往往是軟弱的。想要成功，除了要有「壯士斷腕」、「破釜沉舟」的決心，還要有對成功的強烈渴望，督促我們不斷進取，因為內心充滿渴望，才會全力以赴，不輕易放棄。

本來就不想做，之後才想出理由和藉口

常有人問我問題：「老師，要怎麼戒掉壞習慣？」「我就是脾氣大，該怎麼辦？」「我提不起勁，有什麼方法改善？」

其實方法多的是，但如果你不是真的想做，什麼方法也沒用。

有個小女孩被邀請到朋友家用餐，女主人知道有許多小孩都不喜歡吃菠菜，就先問她喜不喜歡吃。

小女孩回答說：「我喜歡。」

但是，當那個裝菠菜的大盤子傳到她的面前時，她卻一點也沒拿。

女主人好奇地問道：「妳不是說妳喜歡菠菜的嗎？」

「我喜歡，」那個小女孩解釋：「但是沒有喜歡到想吃它的程度。」

當你非常想做一件事的時候，你就會「自動自發」，不是嗎？當你想吃冰淇淋，或想做你有興趣的事情時，你不會問「該怎麼做」。但是在其他的事情上，你會推拖，會有諸多干擾阻礙，因為你並不是真心想做這件事。

你會為了非常微不足道的理由就放棄。例如，你說要讀書，卻發現有人在教室裡聊天，然後你就不讀了，你說那聲音使你無法專心。事實上，如果一個人決心讀書，他會不顧這些小小的打擾，反而周遭的打擾會讓他更專心，好讓自己不受到影響。

心理學家阿德勒說過：「無論什麼事，都是先有不想做的想法，之後才想出相應的理由。」常聽學生說因為讀不下書，才上網打發時間。錯！事實是因為讀書累，上網有趣，所以忍不住就上網，結果沒時間讀書。

你每次讀幾頁書就分神，練習幾回就覺得乏味，開始做事就覺得倦怠，一點干擾就受不了……其實是本來就想要放棄，只等待藉口。

做最壞的打算，期待最美好的結果

所以，請試著捫心自問：「我有決心要改變自己嗎？」「我是真的打從心底渴望實現這個目標嗎？」

會提出上列問題，原因很簡單：如果你維持和以前一樣的做法，得到的結果就會和以前一樣。我常這樣告訴學生：如果你不改變，你會年復一年，繼續像現在這樣。這是你要的嗎？

當然，改變不是只能憑意志力，策略也很重要。賓州大學研究發現行動的要訣，他們認為改變需要一點點的樂觀加上一點點悲觀。

首先，拿紙寫下要做的事，看有哪兩個好處，以及兩個會遇到的障礙。以準備考證照為例：第一個好處是對履歷表加分，在面試也會影響面試官的第一印象。第二個好處是提升自我競爭力，增加收入。

從壞的角度來看，未來一段時間只能忙著讀書和練習。此外，還要犧牲休閒、娛樂、交際活動等。你做好心理準備了嗎？

研究指出，如果你能做到前述建議，比起你只看好處或者只看壞處，能獲得更好的結果。

做最壞的打算，期待最美好的結果。人生不會永遠如意，當困難和挫折無可避免地出現，要有心理準備，而不是一開始就舉白旗投降。想要放棄時，多想想完成時的美好，就可以堅持到底。

人生只能有兩件事：藉口與結果。

首先，問自己：你的藉口是什麼？

「你說我辦不到，因為……」

你填的答案是什麼？你寫的內容就是你的藉口。

接下來，把你常用的說詞和藉口寫下，然後問問自己：「真的是這樣嗎？」

你所說的藉口究竟是真的，還是假想的？你有沒有試著突破這些障礙？

有沒有人像你一樣面對同樣的障礙，卻成功超越？

最後，問自己：若沒有藉口的話，你會怎麼做？

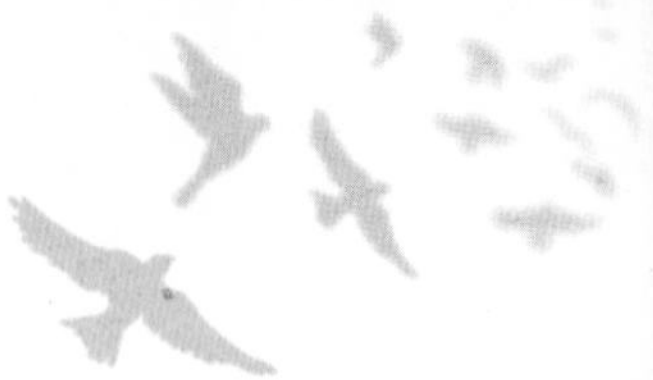

只要有一次破例，就有第二次——拖延症

你是不是經常下意識地把「等我有空再做」、「好累喔，讓我休息一下」、「隔一天再做也沒關係」等掛在嘴邊？計畫中要讀的書，要打的電話，要洗的髒衣服，或是要回的信，總是一延再延。

明明工作或課業也沒完成多少進度，卻無法克制自己的手指去點開社群軟體，電玩、電視。「我會開始做，」你說，「只要等我看完動態消息、玩完這一回、看完這個節目……」明明知道拖延不應該，可是每次都拖到最後一刻，報告到了繳交期限才拚命趕，帳單到額外罰款限期才去繳，事情總是拖到緊要關頭才動手，往往太遲了才後悔。如果你有以上問題，就是得了拖延症！

時間永遠不夠用，因爲被自己耗費掉

為什麼一再拖延？最明顯的是，拖延讓你逃避不樂意去做的事。只要你繼續拖延，便能永遠保持原狀，也因此避免問題及負擔。就像是信用卡，在收到帳單之前，一切都很美好。

拖延提供極佳的保護機制，只要不去面對，就不會把事情搞砸，就不必面對懷疑自己，就可以讓自己感到心安。這些自欺減輕你的焦慮和罪惡感。

如果拖了很久，最後只剩下一點點時間來做，屆時你就可以為自己做不好找到理由，為差勁的結果辯護，「時間太匆促了！」「根本來不及做！」

這種自欺欺人——明明心裡很清楚自己在逃避什麼，但就是無法面對，拖延愈久，人只會愈加消極怠惰，無法自拔。

這點我感觸很深。寫作常都會面臨靈感枯竭，或者截稿日迫在眉睫，腦中卻沒有任何想法。而靈感這種東西，又是可遇不可求。怎麼辦？「先寫再說」。沒錯，要先動起來，思想才會源源不絕。

你是否觀察過，那些愈忙的人愈有時間做更多事，因為他們懂得有效率的善用時間；愛拖延的人會發覺時間永遠不夠用，因為他們被自己的惡習給耗費掉了。

漢淮南王劉安說：「謂學不暇者，雖暇亦不能學。」意思是：自認沒空學習的人，即使他有空，也不會用在學習上。

不妨問自己：如果你現在有一個小時的空檔，你會做什麼？滑手機？看電視？閒聊？或去做任何事，反正就是不會去做那些你承諾過要做的事，對嗎？

「永遠別讓例外發生」，想拖延時，切記這句話

以下提供五個心理解方：

一、只要開始去做就對了。只要你肯開始，就代表你正在往前進步，如果我們不做任何事，這代表我們還在原地踏步。

二、每次只做十分鐘。因為我們把事情想得很困難、艱苦，以至於心生逃避；只要有了開端，就會幫助你排除內心的焦慮和壓力。一旦開始，便會發現事情並沒有那麼難。

三、在做中學，錯中學。若要等一切都準備周全，事情將永遠無法開始。想第一次就把事情做得完美，那就什麼事也做不成。以寫作為例，先不要要求自己達到名作家那樣的水平，把想到的所有東西都寫下來，即便沒邏輯也沒關係，寫就對了。

四、定義清楚目標。想像你正在跑一場馬拉松，你知道自己要往哪裡跑去，

比起漫無目的，更能激發動機。比起「明天要做很多事」這個較為含糊的目標，「明天要完成這三件事」較容易採取行動。

五、試著將問題細分。當該做的事過於龐大，不曉得該從何處著手的話，與其想著非得完成一件大事不可，不如鎖定一個有限度、合理，可完成的小事。比如跑馬拉松，先從三或五公里的入門級，提高有氧的能力，再進階到十公里與半馬的長跑。這會讓心理負擔減輕許多，更容易達成最終目標。

「永遠別讓例外發生」，想拖延時，切記這句話。認清你最大的敵人就是自己，你會設法騙自己「就只是這一次」。但只要有一次破例，就有第二次，所有的事都是如此。「例外」就成了「常態」！

有哪些行動是你過去一直耽擱的？寫張表，然後依照下面的問題回答：

一、為何我一直沒拿出行動？是想到會有何種痛苦？

二、我之所以一直拖延，有什麼好處？

三、如果我此刻不改，將來可能付上何種代價？

四、如果能立即拿出行動，有什麼好處？

五、如果我不再拖延，想像一下「明天的自己」會如何感謝「今天的自己」？

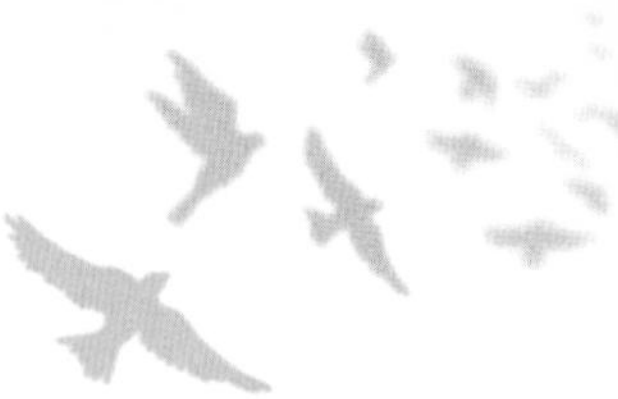

怪獸與牠們的產地——內心恐懼

你是不是有各種各樣的恐懼？怕水、怕高、怕黑、怕蛇、怕死，或是怕上台、怕被批評、怕衝突、怕風險、怕失敗等。害怕是求生本能，因為害怕才能做好自我保護，免於受傷下生存下來。一個什麼都不怕的人是可怕的。

但是，當這個原本保護的情緒讓我們動彈不得，變成我們前進的阻礙，這種害怕更可怕，它會癱瘓自己的人生。

常聽學生說：想參加比賽，怕表現不好而放棄；想發表作品，怕被批評而遲疑怯步；喜歡某人，怕丟臉說不出口；在公眾場合講話，怕得全身發軟，半句話都說不來。

我問，為什麼怕？極少數人能給出有說服力的答案——他們畏懼的是心中的恐懼。對一個跳高的選手來說，他可以輕易越過二公尺的桿，卻不敢跳過等高的牆。對一個跳遠的選手來講，他可輕易地跳過七公尺的沙坑，卻不敢越過等距離的河。真正讓人害怕的是害怕本身。

每次當你向恐懼屈服，恐懼就變得更強大

想免於恐懼必須了解心靈如何創造恐懼？

小時候，三五個夥伴熄了燈說鬼故事，夜半的敲門聲，門外的人影，窗外的風聲，在牆上投出的鬼魅影子。我們屏住呼吸，心跳加速，身體緊繃。是否想過，我們害怕的究竟是什麼？

是自己的想像，對嗎？一個人在黑夜中，看到一個黑影，便神色慌張地

跑起來。遇到第二個人，他說：「有鬼，快跑。」於是第二個人也跟著跑。而其他人看到逃跑的人神色如此慌張，也爭先恐後一起跑。沒有人冷靜下來想一想，是不是真的有鬼？即使有鬼，現在有這麼多人，是人怕鬼，還是鬼怕人？

沒有任何事物比無中生有的恐懼更蠢。要消除恐懼，我們必須先認清恐懼的本質。我們不能在恐懼面前逃跑，我們得面對它、更親近它。就像我們小時候床底下的大怪獸。假如我們彎下腰，瞧瞧床下，就會發現：哪有什麼怪獸？但我們就是不敢看，選擇繼續恐懼。

所以，我們該害怕的，不是那些害怕的事物，而是任由「害怕」這件事讓自己裹足不前，這才是最可怕的。

儘管害怕，仍向前行，這就是勇氣

去做害怕的事，就是克服「害怕」最快最有效的辦法。

很多事情，你現在覺得害怕，一旦你面對它，並駕馭它以後，它很可能變成你最喜歡擅長的。像開始學游泳、開車、跳舞，或是上台演說……。一旦得心應手之後，你將發現——根本沒什麼好怕的。

「做這件事，會發生什麼最糟糕的結果？」在裹足不前，遲遲無法下決定時，我會問這麼問自己。例如，主動結交外國朋友。我會問：「大膽開口最糟的結果是什麼？」了不起就是被拒絕罷了，但如果我試都不試，不就連起碼的機會都放棄！

接著我又問，「如果把害怕拿掉，我是否會邁開腳步？」我承認這麼做滿恐怖的，但每次往前跨步，我都從中得到勇氣。

以前想在眾人面前發表意見，也因自己太害羞，怯步不前。我實在不想再這樣下去，於是我又問：「要是我不害羞，我會怎麼做？」答案很清楚，我會站起來，說出心裡想說的話，心中的恐懼便不知不覺消失。

我想到恐懼（terrified）和美妙（terrific）這兩個字，其實都是由同一個字根所衍生出來的，它們只有一線之隔。因為之前，我還緊張得喘不過氣，而現在我竟可以對大家侃侃而談，那種感覺真的很美妙。

如果不害怕，你會怎麼做？

美國第二十六任總統羅斯福一定是過來人。

他說：「很多事我起初都很害怕，可是我假裝不害怕去做，慢慢地，我真的不害怕了。」

當你表現得毫無畏懼的樣子，便覺得勇敢起來；

若能持續得夠久，佯裝就變成了真實，你成為真正的勇者，也就沒什麼好怕了。

一次有勇氣的行動可以產生無比的自信。反之，如果你繼續猶豫膽怯，就得一生一世躲著它。

第二章

困在這種心態，你會困在悲慘裡

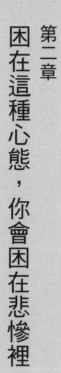

都是別人的錯，才害我——受害者

長久以來，我們一直將自己的不幸歸咎於他人。作業分數太低，怪老師不喜歡你；工作做不好，升遷沒份，怪時運不濟，遭人打壓；和伴侶關係糟，怪對方不理解，不體諒；失業，怪社會不公平；諸事不順，怪老天跟你作對。你就成了一名「受害者」。

為什麼要扮演受害者？跟承認自己的錯誤比較起來，怪罪別人容易多了。不但可獲得同情與支持，不必承擔成長的重責，還能到更多的關注。

這會有什麼後果？抱持這種心態，將很難有改變的機會，因為我們已放棄自己的力量。總懷著委屈的情緒，只能悲傷與自憐，一直陷在情緒的泥沼中。無止境的指責怪罪，周圍的人也會漸漸遠離；最可怕的是，久而久之會變成一種信念，讓自己落入悲慘的人生。

這樣的劇本，我們不知道演了多少遍？

在網路看過一則對話，大意是這樣：

甲沒車沒房。

人問他：「為什麼不買？」

答：「家裡沒錢。」

「你都四十了，怎麼沒點積蓄呢？」

「因為我父母很差勁……」

「你父母和你有什麼關係？」

「原生家庭會影響一生你不知道啊？」

乙四十歲了，還沒有結婚。

人問她：「為什麼不結呢？」

答：「因為父母天天吵鬧，婚姻太失敗，心裡陰影太大，對長期親密關係充滿恐懼……」

「可你已經長大了呀！」

「是的，但我的內心，還是一個孩子……」

「都是因為別人的錯，才害我……」這就是典型的受害者心態。因為家庭破碎，才害我誤入歧途；因為客戶難纏、同事不支援，所以業績無法達成；因為他說了那些話，讓我一整天都不開心；因為他做了那件事，影響我的心情；因為某人傷害我，害我好幾年都活得不好……。這樣的劇本，我們不知道演了多少遍？

錯在他，但他也無法替你的人生負責

有太多的人都會深陷在自己的連續劇裡面，執迷於其中的角色、劇情。我們述說的故事是他人對我們做了什麼事，如何殘酷地對待我們。但當我們訴說完那些是是非非之後，我們又得到了什麼呢？只有憤怒、心痛、怨恨，以及各式各樣的負面情緒，對嗎？

如果你的痛苦是來自別人，你將很難快樂。如果你歸咎問題是在別人身上，你將無能為力，只能繼續深陷在受害的情境裡。為什麼？因為你的心情是掌握在別人手裡。

要重獲自由。首先，我們要放棄受害者的角色。第一步就是學會對自己的人生負責——不管別人說了或做了什麼，你所有產生的情緒，都是你自己的責任。即使錯在他，但他也無法替你的情緒和人生負責。

每個人都要明白：不管你之前受多少苦，受到了多麼不公平的待遇，是你讓自己活得不好，不是別人，因為那是你的人生。從今天開始為自己負起一切責任，才能從別人手中拿回自己的力量。

責任是讓你擁有力量，責怪是送走力量。

當我們責怪別人時，是源自於自身的無力感，這只會使我們的感覺更糟，變更加無助。

相反，負責意味著我對發生的事情擁有主控權。

檢討自己的缺失，問自己：

我有做錯什麼嗎？否則為什麼會這樣？

如果想有改變，我應該怎麼做？

遇到其他問題也一樣，承擔責任能將責怪轉變成具有建設性的力量：

這種狀況如何幫助我學習和成長？

我如何處理這個挑戰？

我如何保持平靜喜樂，不受外在事物所左右？

一心要除魔的人，最易著魔——怨恨與報復

當「忘了吧！」這個字眼被提到，你的腦海浮現什麼樣的記憶？誰最先出現在你的腦海？是哪一個人，哪一件事讓你忘不了的？

是那些傷你最深的人和事，對嗎？大部分人都是在回憶受傷害時的情景，別人傷害你的那個當下早就過去了，自己卻念念不忘，一直沉浸在被傷害的時空裡。等到傷口慢慢癒合時，又到自己的記憶翻出來，一遍遍詳細地重播，還告訴其他人，那個人就是這樣傷害自己的。

想想，如果有人用棍子毆打我們，接著我們拾起棍子再打自己，那麼究竟

是誰傷害我們更重？

許多人以為只要怨他、恨他、羞辱他、指責他、報復他，這樣至少讓自己好過一點，卻沒有看清，怨恨比你憤恨的對象傷自己更深。若對方有意傷害我們，我們等於幫他們把傷害執行得更徹底，而如果對方無意傷害我們，這又何苦？

原諒，不是放過別人，而是放過自己

「那個人太可惡了，就這麼輕易饒恕，未免太便宜他了？」有人覺得，原諒對方是不對的，因為這樣他們就不用為自己所作所為付出代價，毫無正義公理；沒得到該有的懲罰，沒向我道歉悔過，怎麼可以輕易放過？卻沒想過一件事：原諒別人的過錯，不是因對方值得原諒，而是不值得浪費生命。

保羅．科爾賀（Paulo Coelho）在《我坐在琵卓河畔，哭泣》的後記中，一段與友人的對談提到：「原諒簡直是唱高調，我不知道自己能不能輕易原諒忘恩負義的傢伙。雖然確實非常困難，但你別無選擇：如果不原諒，你將受到他們對你做過的事而痛苦，永無止境。」

一心要除魔的人，最易著魔。想想你希望懲罰的某個人，留意當你冒出報復或懲罰的想法時，有什麼感覺？是忿恨、不平與委屈，內心無法平靜，對嗎？當你一心想著報復，腦中一遍遍地想著他及他對你的侵犯和傷害行為，這樣對他有什麼影響？他根本都不知道，你只是折磨自己而已。這樣一來，被處罰的人豈不是自己？

當你放過別人，你會失去什麼？會失去的唯一東西就是痛苦而已。當你原諒之後，你會發現釋放的不是別人，而是自己的心。

時光不能倒流，但人生可逆轉

放下過去談何容易？是的，並不容易。但是，放下過去並不是完全抹煞過去，而是不再讓自己陷在過往之中。

有位心理諮商師曾對某個每次來都拚命抱怨婆婆的病人說：「記得，今天妳只能說這個星期發生的事，在這之前的事情都要當作不存在喔！」這諮商師說的便是原諒和忘記，聽來或許有點陳詞濫調，但它是最有效的方法之一。

無論過去發生在你身上的是有多麼痛苦，它只是一種記憶而已，這份痛苦可能強烈地折磨過你，但已經過去了。我們無法抹去過去，但卻可以重新看待那些事情，這也是我一再提到的觀點。一般人的看法是：都是因為過去所發生的負面經歷，才造成今天不幸處境。但事實是，當你改變了過去的想法，你的未來也將隨之改變。

時光不能倒流，但人生可逆轉。在課堂上，我會要求學生回顧生命中發生過的重大事件，並找出每一次的轉捩點上，自己選擇如何塑造往後的生活。這麼做主要是為了將轉捩點轉換成學習點——不讓自己繼續沉溺在過去，而是探尋這些事帶來的價值與意義，它不但不會成為人生陰影，反而能照亮我們未來的路。

尼采這一段話，我幾十年來以來一直忘不了，因為從寫作開始，我就以此自勉：「無論什麼人，一旦在文章上述說自己的苦難，就會成為憂鬱作者。當然，當他能夠告訴我們，自己曾經遭受的苦難，以及如何擁有現在的喜悅，他才能夠成為令人信賴的作家。」

誠哉斯言！重要的不是曾經待過漆黑的房間，離開那個房間並往前邁進才是重點。

每次當自己又在老調重彈的時候，立刻回到現在。

告訴自己：「我對這部影片已經厭煩了，我已經在內心不斷播放無數次，這影片已經看膩了。」然後按下「停止」的按鈕。

你可以問自己：「這件事情發生在多久以前？至今多久了？」也許我們會有點意外，這些情緒的源頭已是多年前、甚至是幾十年前的事了。

再問問自己：「我還要執著於這項傷痛嗎？」

「我還要虛度另一週、第一個月，或甚至一輩子的時間，讓自己繼續留有往日的痛苦嗎？」

「我想讓現在的幸福毀在這件事上面嗎？」

令你痛苦的，是你對事情的看法——負面詮釋

有個學生極為敏感，別人幾句「玩笑話」也會輕易惹惱他。當他被這些玩笑所傷害時，是誰令他受傷呢？

我們若能客觀地看，都知道讓他受傷的是對事情的看法，而非事件本身。例如，有人批評你，你覺得受傷；換個解釋，「他是在教導我，他是為我好。」生氣可能轉為感激；你被某人的話惹惱，結果事後發現，對方只是開玩笑，可能當下釋懷，還為自己反應過度感到抱歉。可見，外在事件並沒有改變，改變的只是我們的詮釋。

再舉個例，如果你在講台上演講，有一個人走出去了，你會怎麼解釋他的行為？如果你認為：「他一定是覺得我講得很爛。」內心當然覺得不悅。但是有可能是他出去接手機，或者上洗手間，也有可能他有急事要提早離開。所以真正令你不悅的，是你的詮釋，對嗎？

詮釋，決定你的情緒反應

有兩戶人家，彼此是鄰居。雙方的父親都是早出晚歸，經常加班應酬，往往半夜才回家。到了家裡孩子多半都已經睡著。

對於這種情形，李太太經常在孩子面前抱怨：「唉！每當你們需要父親時，他永遠都不在身旁，就只知道工作，對家一點都沒有責任。」這些孩子長大後只記得，他是位「不負責的父親」。

林太太對子女說的話就相當不同，她說：「孩子們，你們有一個最顧家的父親。為了這個家，他每天辛苦從早忙到晚。你們要好好用功，報答他！」這些孩子將充滿感激，因為他是位「盡責的父親」。

心理學有一個著名的「ABC理論」。A指事件的起因，B為個人的解釋和想法，C是事件的結果。相同的A可能導致不同的C，關鍵就在B。

有位學生因男友離去而痛不欲生，終日以淚洗面。她說：「男友狠心拋棄，害我變這樣。」這種說法表面上「男友離開」和「痛不欲生」直接關係。但許多人分手也沒痛不欲生。那是誰造成的？

並不是分離造成痛苦，而是認為「他欺騙了我」、「他辜負了我」讓人痛苦。是「他拋棄了我」、「他不該離開我」等想法讓自己痛不欲生。

兩千年前希臘斯多葛學派哲學家就發現：「事物本身並不能讓我們不快樂、憂鬱、高興或生氣。而是我們的詮釋導致情緒上的反應。」

另一位斯多葛學派的智者愛比克泰德也有同樣的說法：「還記得是什麼傷害了你？並不是別人侮辱你或打你，而是你認為有人在傷害你。所以如果某人讓你生氣，要知道是你自己的評斷該為你的憤怒負責。」

心境，決定你的處境

在醫院我看過很多病患，在他們只有肉體的痛處時，一切不成問題。當他們開始自憐時，像是「天啊，我真不敢相信這種事竟然會發生在我頭上！」「為什麼我會生這種病？」「我覺得好痛苦，好無助」，情緒就陷入憤恨沮喪。在面對不快的處境時，心境永遠決定人們受苦的程度。

週末我單獨地坐在自己房間裡，沒有約會，沒有人打電話給我，而我覺得很孤單；其實孤獨和悽涼的感覺只是我個人的想法。事實的真相是：我就只是一個人待在房間裡面，如此而已。

當一個人獨處時若生出這類想法：「大家都不理我」、「我真可悲」、「永遠孤單下去」等負面論調，就會覺得特別難過。

換個想法：「享受一個人的時光，其實滿美好的。」「自己獨處可以自由自在，安靜思考，沉澱心情，做點自己想做的事。」當我們改變詮釋，就可以把原本孤單變成新鮮的體驗，寂寞也變得自得其樂。

如果你在生活中常感覺到負面情緒，請近距離檢視負面的情緒，找出思考的問題所在。

是因為你自己嗎？是因為負面的想法導致的嗎？回答一下問題：

我的負面情緒是……

我有這種負面情緒的原因是……

為了不再有這種負面情緒，我必須改變的想法是……

隨時觀察「我的想法」與「我的感受」。

想法是瞬息流轉，要覺知並不容易，然而，想法往往伴隨著感受，感受則會衍生情緒。

明白這一點，我們可以在每一個情緒請波濤的當下往內看。

我們即可看到情緒底下的想法，以及我們對事情的詮釋。

頭號情敵是自己——錯誤的期待

愛是世間最美的期待，也是最大的難題，不少人對愛有不切實際的幻想。例如，期待對方知道我的心思，期待對方會永遠把我放在第一位、期待對方和我有同樣的偏好、期待對方都採用我的做事方式、期待善意付出能收到相對回報、期待對方能為我改變……所以才會有那麼多人為愛心碎神傷。

你想過嗎？當你以平常心去對待一個人，為什麼生氣？是不是結果和你期望的不一樣？當你對一個人付出愈多，就怨得愈多，為什麼？是不是因為他讓你失望、他們辜負了你？你想得到的，沒得到；你認為他應該做到，也可以做到，但他沒有。於是對伴侶、對父母、對孩子口出惡言，大發雷霆，彼此的衝突與爭吵伴隨而來。

滿心期待，到頭來，卻換來滿腔不滿。

當你不再去改變對方，關係就會改變

這是誰的錯？這個期望是誰創造的？這個失望的人又是誰？如果你曾靜下來想過，就會明白怎麼回事——你一直把期望投射到對方身上，這就是問題所在。不是我們要求對方該怎麼樣，就該怎麼樣，沒有理由別人要符合你的期待。

在一場研討會中，有位女士提及夫妻感情觸礁，以下是她的自述：

「我和丈夫結婚已經五年，剛結婚的那段時間，我迷上電視連續劇，期待丈夫能像劇中的男主角一樣溫柔地對待我，為我改變……但他做不到，於是我開始責怪他，認為是他讓我不快樂。我期待他在我不快樂時，千方百計逗我開心，但他還是讓我失望。從此，我動不動就生氣，彼此感情也漸行漸遠。

「後來，我去參加一次成長營，上了好幾堂的婚姻課。在過程中，我才清楚發覺到自己有多自私，我領悟到我的快樂來自於自己，而不是靠我的丈夫提供。當我開始對自己好時，我變得愈來愈快樂，跟丈夫的感情也愈來愈好。」

值得借鏡。有時候讓你受傷的，是你心存的幻想；你對某人失望，並非對方做錯了什麼，他們只是表露出本來的樣子，明白了嗎？真正帶給你不快樂的並不是那個人，而是你錯誤的期待，你的頭號情敵其實是自己。

放下幻想，不再期待他成為心目中的丈夫，如實接受他真正的樣子時，從那一刻起，失望就消失了。當你不再去改變對方，關係就會改變。

對方不照我的想法做事，是很正常的

親密關係中，常聽到這樣的幻想：「愛我，就要為我改變。」「只要他改變了，我就會快樂。」自己活了這麼幾十年了，都很難改變自己了，憑什麼要求對方改變？如果對方一直不改變，是否打算一輩子都不快樂嗎？

你最初的愛是單純的，顯示出來的就是單純的快樂；然後，你有了期待，顯示出來的就是期待；當期待落空你挫折、失望，顯示出來的就是不滿、憤怒、怨恨、傷心……如果你的愛是一再重複負面的模式，那就表示你的愛並不是愛，而是期待。

想改善關係，首先清楚體認到「對方不照我的想法做事，是很正常的」。沒有任何人存在是為了要滿足你的期待，也沒有義務給你期待的東西。別試圖把別人改變成自己心目中的樣子，因為你也沒辦法把自己變成期待的模樣。若你自己都無法做到，又怎能寄望他人？

在這個世上只有一個人能為你的人生負責，那個人就是「你」。

作家威廉．費德（William Fedde）說得對：「舒暢的心情是自己給予的，不要天真地奢望別人的賞賜。舒暢的心情是自己創造的，不要可憐地乞求別人

的施捨。」

如果你得不到期待的東西，那麼就由你來給自己吧！

何必去求人呢？

如果你很喜歡吃牛排，你會拿去餵兔子吃嗎？

當然不會，因為你知道不適合。事實上兔子吃了還可能不舒服，甚至生病。

同樣的，現在請你想一下。

你總是以自己的喜好和期待來要求別人，若對方拒絕或抱怨，你很不高興：「為什麼替你安排最好的，你不要？」「我給你最好的，你還抱怨什麼？」

你氣憤自己付出沒有收穫，好心沒好報，卻沒想過其實問題出在自己。

他本來就有自己喜愛的，是你硬要改變他。這無異是請兔子吃牛排。

如何做正確的決定？——猶豫與後悔

很多人常以為我們生命之路只有兩條：

一條正確，一條錯誤；我們應該在叉路口就先判斷出那一條是正確的。

從求學開始，選擇要唸什麼學校？公立還是私校？文科還是理科好？畢業後，選擇就業還是升學？面對感情和事業時，先成家還是立業？升遷還是生小孩？人們總是猶豫不決，舉棋不定，「萬一選錯怎麼辦？」「要是做了決定，卻不如預期怎麼辦？」怕做了讓自己後悔的事。

我們往往誤解這些選項之中，一定有一個正確無誤，但事實是，根本沒有唯一完美的選項。有選擇就會有遺憾。就像是吃早餐，在甜甜圈與麥片之間選擇，甜甜圈好吃，但不健康；而麥片營養，卻沒那麼美味。每件事都有利有弊，每個選擇都有好與壞，沒有絕對。

人們常後悔當初的決定，但如果當初是另一個選擇，又會想：說不定沒選的那個才是正確的。你如何知道自己在做的是正確的判斷？如何知道自己是正確的決定？

答案是，你不知道。

人犯下最大的錯誤就是沒有犯下足夠的錯

投資虧錢，你可能會說：「假如當初早點賣掉，就不會套牢。」「假如我當時不急著賣，至今身家何止增加十倍。」

遇人不淑，你可能會想：「假如當初和某人交往的話，一定幸福美滿。」

「如果當年不早早嫁人，而去從商，現在一定是女強人。」

我們經常會假設我們的人生——假如當初是另一個選擇，那麼今天的我就……；假如當初我讀的是理工，那麼今天我……；假如當初我投資的是房地產，那麼今天我就……；假如當初是選擇的是某工作、某公司，那麼今天我就……。

結果真的是這樣嗎？難說。之所以難說，是因為人生無法預測。正確的決定，仍可能有意外的結果。而意外如果可以預測，那就不叫意外了。

一位年輕人向成功企業家求教：「前輩，請問您是如何成功的？」

企業家笑著說：「我是因做正確的決定！」

年輕人又追著問：「您是如何做正確的決定？」

企業家：「是經驗！」

年輕人又問：「那您的經驗是從哪學來的？」

企業家依然帶著笑容：「從做錯誤的決定而來！」

人犯下最大的錯誤就是沒有犯下足夠的錯，這表示你的人生太過畏首畏尾。一個從未犯錯的人，多半庸庸碌碌，一事無成。所以不要怕犯錯，因為錯誤表示你曾勇敢嘗試，表示你知道什麼是錯的。

想起麥可．喬丹當初退休跑去打棒球，成績乏善可陳。在自傳裡面，有一句話感觸很深，他說：「如果不打兩年棒球，我永遠不知道自己這麼熱愛籃球。」是啊！只有親自經歷走過才知道。

事前不猶豫，事後不後悔

面對選擇，最重要的是「忠於自己」，要按照自己內心的想法：「這適合我嗎？這會給我帶來喜悅嗎？在做它時我是否覺得快樂？這真的是我要的嗎？」傾聽內心的聲音，畢竟自己需要什麼，只有自己是最清楚的。

只要記住一件事：「完美」的選擇不存在，而是要「最適合」的選擇。放下「要百分之百正確」的觀念，你將會發現，做決定變得易如反掌。

一旦決定了，就拋開所有的懷疑，不要再三心兩意。當你年歲漸長，你回顧過往，我可以向你保證這件事：最讓你後悔的，是你沒有抓住的機會，你沒去面對的勇氣，還有那些你錯過的夢想，這才是最大的遺憾。

事前不要猶豫，活出自己，勇敢前行，過得好是精彩，過得不好是經歷；事後不必後悔，從中找到教訓啟示，這過程就不會白費；人生的閱歷多了，自然愈聰明有智慧，那後悔的事也跟著少了。

如何做正確的決定？以下提供幾個原則：

一、好的決定會為你帶來更多機會，而不是讓你的選擇變少。

二、好的決定讓你和周圍的人帶來更多幸福，而不是幸福變少。

三、看長遠些，從大局來看，從一輩子的長度來看，從子子孫孫的角度來看。

看看這個選項會造成什麼影響，並依此作決定，將來就不會後悔。

四、無論決定是什麼，讓這個決定成為正確的決定。

第三章

你不做自己，要叫誰來做？

你不喜歡自己，誰會喜歡？——不接納自己

一位讀者寫信談到她的苦惱，她說：我很內向害羞，所以很羨慕那些活潑外向的人，常想著假如我能像他們一樣，就能變得有自信，交到很多朋友。

我說：你先要接納自己的內向害羞，自在地與你真實的樣子在一起，才能變得有自信，交到喜歡你的朋友。

你可能要問，接受自己的缺點，又有自信，不是很矛盾嗎？接受缺點並不等於認同缺點，而是知道自己或許不完美，依然接受這樣的自己。知道有些地方不好，需要改變或改善，而不是視而不見、避之不談，甚至是用各種方法掩

蓋過去。

美國有位女議員，常被對手譏笑她的肥胖。她在一次競選演講中就自嘲說：「有次我穿上白色的泳裝在大海裡游泳，結果引來了蘇聯的轟炸機，以為發現了美國的軍艦。」結果在笑聲中選民反而更愛戴她。

事實上，當你接受自己時，你就已經改變了。愈不掩飾自身缺點，就愈能展現自信。

全然接受真實的面貌，就會活得輕鬆自在

接受是改變的開始。你覺得自己無知，這沒什麼，多充實知識、增廣見聞，因為你已有了自知之明。你不是帥哥美女，但你可以讓自己變得順眼、有氣質，先天的長相無法改變，但你可以讓別人喜歡跟你相處。

如果你很膽小，那就接受自己的膽小，因為只有一個有勇氣的人才能承認

自己膽小的事實。沒自信的人，最怕別人說出自己的缺點，但如果自己主動說出來，就會走出自卑。

以前我有「怯場」的恐懼症，上台說話會感到焦慮緊張，看著眾人的目光就什麼都說不出來了。在求學時期還特別選取毋須在同學面前發言的課。直到進入職場，常碰到演說的機會才決心克服。

我一上台就先開誠布公：「我很怕上台演說，講得不好，請大家多包涵，也希望大家能指教。」當我說出這段話後，頓時如釋重負。奇妙地，我漸漸不害怕自己表現不夠完美，說話和肢體表達也變輕鬆活潑。我深切體會到，原來接受自身缺點可以產生那麼大的力量。

告訴自己：「這就是我，不管我的缺點有多少，我都完全接納。」

接受自己的缺陷，自己的平凡，自己能力的極限、接受自己就是無能為力，你對自己排斥與厭惡就消失。當你不那麼苛求自己，你的焦慮，壓力和負面情緒立刻得到改善。全然接受真實的面貌，接受自己不夠美麗，不夠好，就會活得輕鬆自在。

接受不完美的自己，才能看見自己的美好

沒有人是完美的，再成功優秀的人，都還是有缺點；你的缺點只代表部分的你，而不是全部的你，這個地球有髒的地方並不代表整個地球都是髒的。我們不是完美無暇，而是要活得自然真實——因為是它們讓你變成獨一無二的自己。

沒有一個人可以討全部的人喜歡。再完美的偶像，都還是會有人討厭。就像是水果，有人喜歡蘋果，有人喜歡葡萄、香蕉。不被喜歡，並不是不夠好，只是每個人喜好不同。永遠別妄想所有的人都喜歡你，那是不可能的。你也不是喜歡這世上的所有人，怎麼可能所有人都喜歡你？

你是否發現，許多明星和成功人士看起來總是自信滿滿？他們有些人外表

既不出色，還有許多缺點，卻能受到大家喜愛，主要的原因是：他們很自然真實，忠於自己。

你可能認為「我要美麗迷人，別人才會喜歡我」，但如果大家都喜歡你，你還會懷疑自己美麗迷人嗎？

愛不完美的自己，才能看見自己的美好。當你可以真心喜歡自己，接納自己真實的樣子；別人才會接納你的樣子，喜歡真實的你。

做真實的自己，有些人會喜歡你，有人或許不會。然而，你為什麼要花時間去在意那些不喜歡的人呢？如果有人不喜歡梨子，喜歡香蕉，蘋果，難道「梨子」就沒有價值嗎？

首先，要清楚地覺知到自己的本質，就不再需要證明自己。不論別人如何評價，都不影響你的本質，你不必為了討好那些不喜歡的人而改變。知道自己是「梨子」，並且努力做一個最好的「梨子」，不管別人說香蕉多麼香甜，蘋果多麼美味。

走自己的路，讓別人去說吧——太在意別人

為什麼一直在意別人的眼光？

因為很在意自己。

還記得我第一次用英語教書時，為了怕自己太緊張，把講授的內容忘記，於是將所有課堂上要講的每一句話都寫在課本上，然後從口氣、肢體語言，對著鏡子反覆演練。忽然間，我意識到自己的問題——我太在意自己給學生的觀感，而忘了我講課的目的是幫助學生學習，讓他們對這門課感興趣，而不是對我感興趣。我應該忘了自己。

人們常常在意別人的評價，不管做什麼事總想：「不知別人會怎麼說？」「不知別人會怎麼想？」甚至舉手投足都擔心：「我這樣做，不知別人會不會……」所以，你變得緊張害怕，怕自己表現失常、怕自己犯錯、怕自己看起來很愚蠢、怕自己被否定，對嗎？

想想，如果你不想要藉著別人來肯定自己，還會如此不安嗎？如果你不再顧慮：「要怎麼表現才會讓別人喜歡，給人留下好的印象。」你會擔心焦慮嗎？如果你不在意別人的眼光，還會不自在嗎？

全世界有那麼多人，要在意永遠也在意不完

有位哲人說：「二十歲時的人，會顧慮旁人對自己的看法；四十歲時的人，已經不理會別人對自己的想法；六十歲時的人，發現別人根本就沒有想到過自己。」

我們應該及時認識到一個簡單的事實，那就是每個人最關注的都是自己。也許你覺得鼻子上的青春痘很醒目，也許髮型設計師把你的頭髮毀了，讓你羞於見人，又或者你認為每個人都在背後談論你的糗事。但實際上，人們可能根本沒有注意到你，別人並不像你想像的那麼惦記著你。

有次女兒上課遲到不想進教室，「我怕大家會盯著我看，好糗！」

「妳以為自己是英國王妃啊，」我說：「放心吧！妳同學都會各忙各的事。」

吃晚餐時，我問起早上遲到的事，她想了想才驚訝地說：「真的耶，班上好像沒有人注意到我。」

大部分的人都在忙著自己的生活，都只顧著自己的事。他們在意的人也是自己，他們同樣很在意你的眼光，以及你的評價。

其次，大家還要認清的一點是：每個人對於事情的看法都不一樣，不管你做什麼，怎麼做，都會有人提出不同的看法。如果你太在意別人的看法，到最後，什麼都做不成，做什麼都不對。

就像《父子騎驢》的故事，當父親騎驢，兒子牽著驢走，有人責備父親只顧自己享受；換成兒子騎驢，父親牽著驢走，路人又說，兒子真不懂事。當父子都騎到驢背上，又有人說他們對驢太殘忍；當兩個人都不騎驢時，又有人笑他們真蠢，有驢不騎……。想讓所有人都滿意，只會讓自己無所適從。

按照你自己心中的那支曲子跳舞

這故事我曾一再提到：有個人一直抑鬱寡歡，因為他很在意別人的眼光，經常把自己搞得疲憊倦怠，為了擺脫這種情緒，決定到遠處旅行。

有一天，他來到一個很偏僻的少數民族村落，他發現這裡的村民似乎都非常喜樂。每天晚上，人們吃完晚飯，就在一片空地點起營火，樂師們彈起他們心愛的樂器，男女老少一起載歌載舞，直到盡興才歸。他們每個人看起來都是

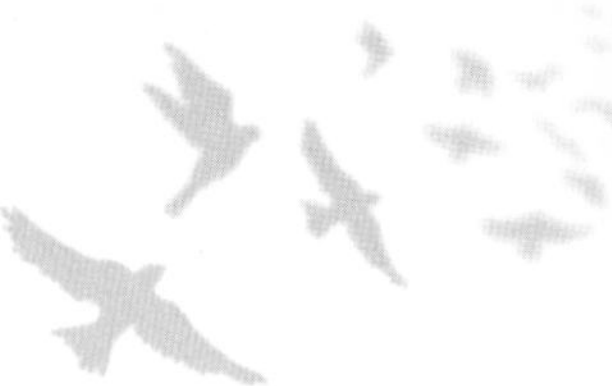

那麼地快樂，為什麼呢？他百思不解。

一天晚上，在村民們跳舞的空檔，他與一位年長的樂師攀談，他問樂師：「為什麼你們總是那麼快樂？」老樂師聽了他的話並沒有馬上回答，而是彈起一首古老的曲子。老樂師對他說：「年輕人，你也來一起跳舞吧！但是你一定要記住，不論我彈什麼曲子，你都不要受我的影響，而是要學會按照你自己心中的那支曲子跳舞。我相信你會找到答案的。」

就這樣，他真的跟大家跳了起來，雖然整晚都在跳，但是不知怎麼回事，一點都不疲憊，他覺得自己完全放開，那是一種過去從來沒有感受過的自在和快樂。就在這時，他突然明白：原來一個人如果想要獲得真正的快樂，那就必須按自己的曲子跳舞。

我們本來是快樂的，卻常因別人的眼光而自亂陣腳，進退失據。人生是自己的，沒有人比你了解自己，沒有誰能替你生活，遵循自己的內心體驗，走自己的路，讓別人去說吧！

什麼時候你會覺得不自在？當你用別人眼光看你。

你怕自己不被接受，怕自己不被喜歡。

你想討好別人，你很在意自己的表現，你擔心別人怎麼看、怎麼說，你就會覺得不自在。

怎樣才能變得自在？

當你不在意別人眼光。

當你不擔心別人的評價，當你對人無求，當你不在意別人的看法，當你當作別人都不存在，你就自由自在。

別拿別人的價值當自己的——自貶身價

說來可悲，從小的時候，我們就一次又一次地被教導，哪件事必須被達成，哪個能力必須被證明，我們從不認為自己是有價值的，很多人只有在自己是一個贏家、得到成功或被別人肯定時，才覺得自己有價值，因而當失去了這些，也失去自我價值。

人們愛追求財富、地位、成功、外貌、名牌商品，為什麼？因為一旦擁有這些東西，會獲得讚賞，覺得自我價值提升。相反的，當看見條件比我們好、比我們擁有更多的人，自我價值就會降低。當失去財富、外貌、工作就覺得自己一文不值。

假如我們追求的目的是為了要別人肯定，就表示自我價值是建立在別人認定上，等於是拿別人的價值當做自己的，如此將永遠活在盲目的隨從，心情也將隨之起起落落。

看見自己的價值，就是有價值的人生

什麼是自我價值？

在談之前，先了解「價值」是什麼？很明顯的，同一個東西，看的人不同認知，感受到的價值也不同。就像有明星演唱會的票賣到天價，有人覺得值得，有人覺得不值得，而我沒興趣，對我而言就沒價值。

價值在哪兒呢？就在每個人的頭腦裡。別人的評價，那是別人的價值。要擁有自我價值，就不能像一般人那樣，把別人價值當自己的。

有位學生到學校附近餐廳打工，一天我巧遇就問她在這裡做得好嗎？她一臉委屈說：「唉，老師我覺得有點自貶身價。」我問她怎麼了？「因為有人笑我『虧妳是高材生，怎麼跑來端碗盤！』」

「這怎麼會是自貶身價，」我說，「連端碗盤的事都願意做，這高材生真了不起。」當放下別人的評價，肯定自我時，就會發現自己的價值。

常收到學生來訊息說，畢業多年還沒找到像樣的工作，覺得自己「一事無成」；有人工作多年還沒有自己的房子，也沮喪的覺得「一事無成」；還有人被資遣，感慨自己「一事無成」……。

我說：不要管別人怎麼說，關鍵是你怎麼看自己。成就有很多面向：能刻苦耐勞是一種成就，堅持不懈是成就，與人相處融洽是成就，照顧家庭是成就，成就別人也是一種成就。難道這些都毫無價值嗎？

如果我在學校教書，我只當作是養家活口，那麼我教學生涯看起來會很枯燥乏味，也不會有什麼成就感。但是如果我將教育視為神聖使命，就覺得自己的生命充滿了價值。當看見自己的價值，就是有價值的人生。

只有你，可以決定自己的價值

有人可能認為：「像我這麼普通，怎麼可能會有價值。」的確，如果你這麼認為的話。一杯咖啡賣五十元，同一杯咖啡有人賣到一百五十元。價值任由人定。有人妄自菲薄，自認為自己只是一顆普通的石頭。有人信心滿滿，相信自己是一塊寶玉，人的價值在每個人自己的心中。

一塊廢鐵，只能賣十元。如果做成一堆鐵釘，可以賣一百元。如果製作成幾組玩具，可以賣一千元。如果製作成幾對高級手錶，就價值上萬元。只有你，可以決定自己的價值。

說一則故事：由於造錢幣的銅礦愈來愈難找，硬幣的需要量卻愈來愈大，愈來愈不敷使用。造幣廠為了要滿足硬幣需求量，只好把從前發行過的硬幣收回來，重新鑄造。

重新鑄造後的硬幣，每個都比原來的小很多。硬幣看了看自己縮小的身體，很難過。

鈔票看它們愁眉苦臉的樣子，不解地問：「你們難過什麼？」

「我們變小了。」

「你們的價值變小了沒有？」

「沒有。」

「你們買的東西變少了嗎？」

「沒有。」

鈔票說：「既然如此，那麼你們難過什麼？」

硬幣說：「我們的樣子變小了。」

「樣子是虛殼而已，變小有什麼關係呢？重要的是本質不要變小！」

硬幣聽了鈔票的話，覺得很有道理，就不再難過了。

你是有價值的，因為你本來就有價值。就像一張千元鈔票，不會因為被弄髒壓皺，被隨意丟棄就貶值。你的價值，不會因為別人的不欣賞、打擊、污衊而打折扣，這才是真正的「自我價值」。了解了嗎？

你也許曾經歷過，或正面對一場創傷；也許你正面臨重大的失敗；也許你的好友在沒有任何理由的情況下，拒絕你、疏離你；也許你所愛的人背叛你，離開你，以致你感覺自慚形穢，毫無價值。

但你可曾想過，這就是你的「價值」嗎？你是否看見自己內在的那份價值到底是什麼？

莎士比亞的名言：「玫瑰不叫玫瑰，亦無損其芳香。」花朵不會因為有人不喜歡就沒價值；也不會因此不盛開和綻放芬芳。

不論別人怎麼評價你，是否喜愛你，你的價值都不受影響。

別人怎麼對你，都是你教的——沒原則底限

你總是在滿足別人嗎？你拒絕不了別人的要求，不好意思向他人說不嗎？你習慣了吃虧，退讓、委曲自己，遷就別人嗎？那麼你可能是個濫好人。

濫好人，doormat，意思是「不斷被踐踏，使用」的門墊。因為個性好所以很好欺負，因為沒自信所以沒有主見，因為沒原則所以不會拒絕，因為習慣用討好迎合的方式在跟別人相處，最後要不是被別人看低踐踏，不然就是被利用傷害，造成自己與他人不愉快的惡性循環。

你應該聽過類似的抱怨：「為什麼他把所有事情都推給我做？」或是「我

對他這麼好，可是他竟這樣對我」。又或是「我一再退讓，對方反而氣勢更高。」因為你把自己當地墊，別人當然踩在你頭上。

你可以對人好，但不該討好人。包容要有尺度，忍讓要有限度。一個人太過遷就，人就會愈變本加厲；愈是忍讓退縮，有人就愈得寸進尺。

對人善良沒有不對，但要給對的人。在不懂得珍惜的人眼中，你的善意往往變成應盡義務；在不知感恩的人眼中，你的付出容易被當成理所當然。

別人對你不好，該負責的可能是你自己？

我聽說，有個人經常和室友一起點一樣的便當，他知道室友喜歡吃滷蛋，於是常將自己便當中的滷蛋夾給室友吃。久而久之，室友習慣了他給的滷蛋，有時候就從他的便當中夾走。有一天這個人想嘗嘗鮮，就把滷蛋吃掉了，室友發現沒有滷蛋了，就問：「我的滷蛋呢？你怎麼把它吃了？」

你偶爾幫人，對方會感謝，但久而久之，就習以為常，因為他早預料你一定會幫。如果這次幫對方下次不幫反而對你不諒解，卻忘了上次你幫他。習慣當濫好人，突然有一天，沒有辦法繼續對他們好時，他們反而指責抱怨，甚至被興師問罪。

別人怎麼對你，都是你教的。當你懂得尊重自己，重視你的意願、感受、時間、想法，別人也會如此。相反，當你處處迎合奉承，那麼別人也對你予取予求，因為無形之中你已經傳遞給對方訊息——即是「別人比你重要」，不是嗎？

有位讀者很氣男友不把她當一回事，她寫信來問，「我那麼關心他，為什麼他都不重視我的感覺，都不在乎我？」「他怎麼可以這樣對我？」

「或許是妳自己讓他這樣對你。」我說。

你認為某人不重視你的感覺，但是當你更深入去看這件事，其實你也不重視自己的感覺。你氣別人不在乎你，其實你太在乎對方；你覺得對方無視你、忽略你，也許你從不重視自己的想法，或是讓人習慣性地忽視你。你覺得別人從未好好愛你，那是因為你從未好好愛過自己。

別人對你不好，該負責的可能是你自己？

把善良留給懂得珍惜，善待你的人

做人善良沒錯，但要有原則和底線。《論語》裡有一句名言：「君子和而不同，小人同而不和。」

意思是：君子可以與他周圍的人保持和諧融洽的關係，但他對待任何事情都必須經過自己大腦的獨立思考，不人云亦云，盲目附和；但小人則沒有自己獨立的見解，只求與別人完全一致，而不講求原則，但他卻與別人不能保持融洽友好的關係。

我不同意你，不配合你，不代表我與你不合，而是知道什麼不能觸碰，什麼是規矩必須遵循，什麼底限是不容搖撼，有自己處事的原則這才是君子。

有原則的人，大家都敬他三分；有底限的人，大家都不敢越界。不喜歡的事就明講，如果沒有意願就拒絕，這樣關係才會長久。

再者，善良也要看對象，並不是所有的人都值得。像有的人，表面一套，背地一套；你對他讓了一步，他反而更進一步；你以真心相待，他卻狠心回報。這樣的人當斷則斷。當自己委屈無法求全，付出總被視為理所當然時，你就必須學會選擇，把善良留給懂得珍惜，善待你的人。

切記，別人會怎麼對待你，最終還是取決於你。

原則和底線是一道防線，可以讓別人知道：我最基本的原則——我同意什麼，不同意什麼，哪些我可以接受，哪些我不能容忍。

界線能讓人們學會如何對待你，並讓你學會如何尊重自己。

當你拒絕別人，人們就知道你的原則和界線，

那麼當他們以後有事找上你的時候，你若說不，他們不會生你的氣，因為他知道你就是這樣的人。

可是如果你處處迎合，當有一天你拒絕別人，反而會被被誤解或得罪人。

成功的待人處事之道，不僅在同意時，讓人感激；還要在拒絕時，獲得敬重。

你不做，要叫誰來做？——不做自己

常常看到好多人在討論「做自己」這件事，有些鼓勵有些建議，很多人誤以為需要學習怎麼成為自己，那是完全誤解。

就像如果你是男性，你會需要做任何事情來讓自己「是」男性嗎？不需要，因為你本來就是；如果妳是女性，妳也同樣不需要做什麼事，妳就是女性。世上最容易的一件事就是成為你自己。沒比這更簡單的事了，你根本不需要任何努力，因為你早已是自己了。

但人們卻不那麼想，有人不滿意自己的家世、外貌，有人不喜歡自己缺陷、

缺點，有人無法接受自己的人生，這就是問題所在。只要想想一頭牛，牠想成為一匹馬，結果會怎樣？牠一定非常挫折，對自己非常不滿，「為什麼我脖子那麼短，身體這麼胖？為什麼我不能像馬健步如飛，姿態如此俊俏飄逸？」如果這頭牛為了學馬，因此特意拉長脖子、墊起腳跟，必定變得「四不像」。做一個不是自己的人，永遠都不可能做好，即使做好了那也不是自己。

所謂活出自己，就是如此簡單的一件事

讀過一則故事：有個國王走進他的花園，發現那些花草樹木都凋萎了。橡樹說，它之所以凋萎是因為它沒有辦法像松樹那麼高。他轉向松樹，發現它也是枝葉低垂，因為它不能夠像葡萄藤一樣長出葡萄，但是那個葡萄藤也是在垂死，因為它不能夠像玫瑰一樣開花。

然後他發現有一棵植物，紫羅蘭，花開得美麗茂盛，經過詢問之後，他得

到了這樣的回答：「我認為當你把我種下去的時候，你就是想要紫羅蘭，如果你想要橡樹、葡萄藤、或玫瑰，你就會種它們，所以我想，既然我只能夠成為我自己，而不能夠成為其他的，那麼我就盡我最大的力量去成為我自己。」

紫羅蘭開出花朵，那沒問題，因為花朵已經在它裡面，它要做的只要把自己顯露出來。但是一朵紫羅蘭不能變成一顆樹，一顆樹也開不出紫羅蘭。

所以，問題不在你想變成什麼，而在於你必須先了解自己「是什麼」。

你聽過米開朗基羅的故事吧，他用大理石雕刻出著名的大衛像。完成後，當地一位藝術贊助人一看到雕像，驚為天人，讚嘆地問他怎麼雕出如此美麗的作品。

「大衛已經在那塊大理石裡。」他回答，「我只不過是把不是大衛的每件東西拿掉。」

去除所有不相關的「大理石」，把自己的樣子給活出來。所謂活出自己，就是如此簡單的一件事。

活出自己的樣子，就活出自己的品牌

沒有人任何人可以教你「做自己」，所有的方法都在協助你拿掉虛假。那個真實的部分，你已經擁有了，你只需要去除虛假的部分。

常有人問：「為什麼做自己會怕被人否定？要如何去除這種恐懼？」其實問題不在於去除那個恐懼，問題在於去除你的面具，去除你虛假的人格，去除你一直在試圖成為的那個假象。

「活出真我」才能無所畏懼。只要你一直想滿足別人對你的要求，只要你一直擔心別人會怎麼想，你就會感到恐懼。無畏無懼，只有在你下定決心做自己時才會出現。接納自己，成為你真實的樣子，自在地做你自己，這就產生了自信，無所畏懼。

王爾德（Oscar Wilde）的肺腑之言：「做自己吧！因為其他人已經有人做了。」你是誰？你是獨一無二，與眾不同的人嗎？是什麼令你與眾不同呢？一個人要有自己的品牌，就是活出有識別度的特色。我們不見得會是第一，但絕對是唯一。

這世上不會有另外一個人和我們完全一樣。也沒有任何一個人的外表，想法與感覺和你相同。能扮演好「自己」的最佳人選，就是你自己。如果你不做自己，那麼要叫誰來做？

世界是個美麗的大花園，花園裡有各式各樣的花。

不管你是什麼花，重要的是，依據自己的特色來成長開花。

一株路邊的鼠麴草誕生的時候，長得跟和野草一模一樣，

但是，他非常清楚自己是誰：

「我是一株鼠麴草，不是一株野草。唯一能證明我是鼠麴草的方法，就是開出美麗的花朵。」

你所開出的是小花，別人開出的是大花。

並不因為別人花比較大，就比較優越，也不因為你是小花就比較卑微，重點在於你們都開花了。

第四章

用心避免的，會落入一心想避免的

注意不想要的，無法得到想要的——聚焦問題

有一位婦人說：「我年輕時發誓，我絕不嫁霸道的獅子座男人，也絕不嫁比我年輕的男人，更不會住在鄉下。但現在，這三件事我都做過了。」

你是否也有類似經驗：你怕被老師點到名，正好就點到你；你不想遇到某人，卻遇到他；你擔心表演出狀況，結果就出狀況。其實這就是思想的力量：你想什麼想得最頻繁，就會得到什麼。即使你想的是不希望成真的事也一樣。

你可以拿自己做實驗。從現在開始不要去想檸檬，千萬別想檸檬汁酸氣撲鼻的味道，怎麼樣？你是否想到了檸檬，甚至分泌唾液？

有個老闆非常依重他的僕人廉波，沒想到廉波竟偷了他的東西，基於家法他不得不把他解僱。

這件事情讓老闆相當地傷心難過，因為畢竟相處那麼久了，他仍必須請他走路。老闆因此在書桌前立了一個大牌子，上面寫著：「我必須忘記廉波」。

結果，只要這牌子還放在書桌前，他就一天無法忘記廉波。

愈想避免的問題，就愈可能發生

去觀察一下那些擔心恐懼的人，他們會把大部分心力用於避免不想要的東西，老想著「我不想失敗」、「我不想失去他」、「我不想生病」、「我不想事情又搞砸了」、「我不想要變老」、「我不想死」，往往就會落入一心想避免的狀況。試圖壓抑創傷經驗，反而導致不願去想的那個念頭浮現。愈想避免的問題，就愈可能發生。

那該怎麼辦？聽聽這則故事：

有一位旅客經常乘坐客輪，他與船長聊了起來，「船長先生，你對河中的每一處險灘，一定都知道一清二楚，對嗎？」

船長說：「沒有，我對河中的險灘並不完全清楚。」

旅客驚訝地說：「你不知道哪裡有險灘，怎麼能駕船呢？」

船長說：「為什麼一定要在險灘之間摸索呢？我知道哪裡是安全的深水，不就夠了嗎？」

沒錯，「專注你想要的」，才是重點。

想像一下，蘋果創辦人史蒂夫．賈伯斯是這樣創造非凡成就的嗎？「我不想與某個團隊合作，我不想要遇到困難阻礙，我不想投資在不確定的事物，我不想要我的產品沒有市場。」我想你應該也看得出來，如果把焦點放在不想要的事物上面，無法創造出想要的。

注意要前往的地方，而非不想去的地方

多年來，許多成功者都被問到這個問題：「你大部分時間都在想什麼？」不論是哪個領域，他們的回答幾乎大同小異。成功人士思考自己要什麼，以及如何獲得。由於全神貫注的關係，他們比一般人達成更高的成就。

相反的，失敗者大部分的時間都傾向於思考自己不想要些什麼。他們大部分時間都在想自己討厭的人，擔心面臨的問題和麻煩，或反覆想著不想發生的狀況。

就像有人開新車沒幾天，就把車子撞個稀巴爛，當時心裡多半是想著「我千萬不可以把車身撞到！」一直抱持著某個想法，即是「預期會發生什麼」結果也就發生了。如果你一直想著會倒楣，就可能碰上倒楣事，因為你一直想著它，不是嗎？

有位越野賽自行車冠軍因為在險峻地形贏得比賽而聲名大噪，有人問他成

功的秘訣。他說：「我把注意力放在要前往的地方，而非不想去的地方。」因此，無論路途多麼崎嶇不平或泥濘顛波，他只專注於前方的小徑。

愛默生說：「一個人就是他整天所想的那些。」你在生活中尋找什麼，就會在生活中發現什麼。記住，把焦點放在自己喜愛的、美好的人事物。

在遇到問題時，不要問：「為什麼我那麼倒楣？」要問：「我要怎麼做才能改善這種情況？」

在解決問題時，不是想：「怎樣才能把這討厭的情況給排除掉？」而是思考：「我要用什麼方法，才能創造出想要的成果？」

在思考問題時，把意念放在「我想要」，而不是「我不要」的事物上。

出問題都是耐性不夠，不是時間不夠——不耐煩

沒耐性幾乎在每個小孩身上都看得到，尿布濕了、肚子餓了，等一下都不行；看到糖果就馬上要吃，叫媽咪過來媽咪就要馬上出現，不然就大發脾氣；積木排一下子沒有成功就不想再排，遇到當下無法解決的事情就會立刻放棄。

為什麼沒有耐心？耐心並不是天生就有的，也不會長大了就自動變會，需要學習與磨練，所以缺乏耐心的人比比皆是。許多人個性急，上網速度變慢就覺得不耐；電梯門一開便強先進入，無視於有人要出去；對小孩沒耐性，經常大小聲；對伴侶忍受度極低，動不動就擺臭臉；對父母的關心和意見，口氣不

耐煩，總是嫌煩；排隊等候稍慢或是交通阻塞就心浮氣躁；遇到點挫折壓力就焦躁發火。

面對缺乏耐性的人，自己的耐心足夠嗎？還是自己也常不耐煩？

對別人不耐煩，其實是對自己不耐煩

我想起自己有多少次表現出不耐煩——飢腸轆轆時，抱怨餐館上菜太慢；起動車子催促還在準備的太太；多次教導孩子還學不會，耐心被磨光；常在對方話沒說完就急著表達。這樣有壞處嗎？

當我們不耐煩時，很容易表現得粗魯。記得有次在問診時，遇到一個病人說話很慢，而且答非所問，我眼見後面還排滿許多病人，不耐煩地嘆了口氣。聽到我的嘆氣聲，他滿臉歉意說抱歉。

事後我感到後悔。不耐煩讓自己失去了該有的禮貌和寬容。這情況也發生在家庭。常見的情況是：一家原本快快樂樂的出門，卻因太太或孩子拖拖拉拉，我的臉就開始繃起來。結果可想而知，立刻烏雲罩頂。

更糟的是，自己做了最錯誤的示範。某天我開車載孩子出門，在一處紅綠燈前等了許久，當綠燈轉亮，前面車子沒有馬上開動。兒子對我說：「老爸，你為什麼不按個喇叭叫他們快走？」孩子沒耐心，也許是自己造就出來。

有時性急、不耐煩說出的話：「為什麼做這種事？」「為什麼老給我添麻煩？」「這麼簡單的事也不會，真笨！」對別人不耐煩，其實是對自己不耐煩。沒耐心傾聽：「好啦！我知道了啦！」隨便一兩句就搪塞過去，孩子做事三分鐘熱度、沒耐心重覆練習、被批評就生氣也就不足為奇。

性急的人，常表現出不耐煩的態度；凡事求快，急切催促，給自己和別人造成壓力。而對於愈親密的人，要求較高，想控制的欲望也更大，這就是為何對愈親密的人我們愈容易感到不耐煩、嫌棄、愛發脾氣。

一個沒耐心的人容忍度也低，容易被激怒，而經常發怒的人，則會讓身邊的人不敢親近，關係變疏離。在職場同樣，不少部屬很怕跟主管報告事情，因為總是講沒幾句話，急躁的主管就不耐煩，聽不下去，要不就是根本就聽錯了意思。不耐煩一出現，我們就跟著犯了不少錯誤。

有位女孩告訴我，當媽媽打電話說不舒服時，自己正在上班，所以滿口不耐煩地回道：「我現在很忙，等下班再說。」不料之後再回撥，電話那頭卻一直沒人接聽，因為媽媽已經過世了。

要學會耐心，就先得耐煩

怎樣才能更有耐性？

耐心是一種心理素質，可以藉由刻意的練習而大幅提升。當遇到一些不耐煩的事物，也就是練習最好的機會。比如等待排隊需要耐心、陪孩子玩需要耐心、人際溝通需要耐心、學習才藝需要耐心、為學讀書需要耐心、投資理財需要耐心、職位升遷需要耐心、對沒耐性的人需要耐心等等。天底下任何事大抵都得經過「耐心」的考驗，你這一關沒過，很難挑戰更高的層次。

要學會耐心，就先得耐煩。為什麼有些年輕人出社會之後，不斷換工作，最主要的一個原因，是「不耐煩」；有人處理小事還可以，但事情多了或遇麻煩就沈不住氣，因為「不耐煩」；有人一事無成，做事虎頭蛇尾，朝三暮四，遇障礙就放棄，也因「不耐煩」。不耐煩，說到底都是自己的心浮氣躁，不夠成熟沉穩。而自己不耐煩，就容易對人不耐煩；出問題的都是因耐性不夠，而不是時間不夠。

改善不耐煩最簡單的方式就是：一次做好一件事。

人腦不能同時集中在不同的事上，也不能同時做兩件或更多的事。如果人經常在同一時間做不同的事，就無法集中精神，結果常會顧此失彼，一無所獲。

如果你有太多事情要做，太多問題要處理，很容易引發煩躁不安，變得焦慮壓力，這也是不耐煩的主因。

古代禪師開示修行之道：「吃飯時吃飯，走路時走路。」道理即在此。

「一次一事」，彷彿全世界只剩這一件事，其他的暫時不管；這件事做完之後，再做另一件。可提升耐性與增加效率，你可以試試！

為什麼這種事一再發生在我身上？——人生課題

在你的生活中，有哪些問題會重複的困擾？金錢、感情、工作、健康、人際關係、或是同儕互動、夫妻相處、子女教育的問題……

的確，每個人都有煩惱，我也不例外。但是，你有沒有想過，為什麼有些問題總是一再發生，為何不斷出現在自己身上？

你一定也聽說過，有人去到哪裡都跟人不合，有人投資老是賠錢，有人在愛中總是一再識人不清，遇人不淑……。有個人想要搬家，而這已經是他今年搬第三次家了，朋友好奇地問：「住得好好的，怎麼想搬家？」

那個人抱怨說：「這裡的人都很差勁，難相處，所以我想搬到其他地方。」

朋友問說：「你不是才剛搬來不久嗎？」

那個人說：「是啊！還是不喜歡。」

朋友又問：「原因都是一樣嗎？」

那個人說：「對啊！」

朋友說：「我看你這樣搬家也是無法解決問題的。」

那個人說：「難道你有好的辦法？」

朋友說：「換了那麼多地方你都有問題，難道你沒有想過，問題可能出在你自己嗎？」

所有的問題都是再次呈現我們沒學會的功課

為什麼你會遇到某些問題，別人卻不會？而當別人為了某些問題困擾時，你卻沒有同樣問題？你是否發現，當別人陷於某個問題當中，你通常都能發現問題的癥結，並給予不錯的建議，但是當自己遇到的問題卻陷入其中？

問題都是來自「無知」。誰會遇到問題？只有那些「不知道」的人。

有時，你在做某件事之前，不管周遭的人怎麼勸阻，你還是去做——走一條不該走的路，愛一個不該愛的人，犯一件不該犯的錯。這很可能就是「你的」生命課題，而如果你對某人屢勸不聽，那可能是「他的」生命課題。

有時你愈不想遇到的人，往往就遇到；你怕碰到的事，偏偏就碰上；你一直設法避免的狀況，又再次發生，所有的問題都是再次呈現我們沒學會的功課。

有時你想不透事情，明明是別人的故事，怎麼會落在自己身上？「為什麼是我！」「為什麼我又遇到這種人！」「為什麼這種事一再地發生在我身上！」你疑惑、氣憤、不平、不解、痛苦，你苦苦掙扎，卻又無法脫身。因為你沒看清。你最恐懼、厭惡的，也是你最需要面對的。你最抗拒、排斥的，也是你最需要學習的。

生命的傷口，人生另一個出口

在「給讀者的警告」這首詩當中，羅伯特．布萊說（Robert Bly），有時候我們如果要活下去的話，就必須走過一些黑暗和困難的地方。他舉了一個例子，一群深陷廢棄穀倉的小鳥，看到光線從牆上的木板間隙透進來，他們受到光線的吸引，拚命想從牆上的木板間隙飛出去，卻找不到出口，最後精疲力盡地掉到地上死去。布萊寫道：「出口其實就是老鼠進出的地方，但老鼠洞在地面上。」

生命的每一道傷口，其實是通往人生另一個出口。神學家約瑟夫．坎貝爾（Joseph Campbell）說：「唯有進入深淵，我們才能尋回生命的寶庫。你跌倒的地方，正是寶庫的所在地。你最害怕進入的洞穴，正是你探索的源頭。」

找出你的問題與人生課題：

＊你在生活和人際關係中最害怕會發生或是想避免的事是什麼？

＊有哪些人事物會觸發你、傷害你、激怒你，讓你覺得挫敗？

＊你生活周遭的人常抱怨你的哪些習慣、行為和特質？

＊你在工作、金錢、感情或是健康方面，有哪些讓你感到挫折或不滿？

＊生活中有哪些是你不喜歡但卻一再重複發生的事？

學習人生的課題有點像成長，你不會因為長大而突然變得快樂、更成熟、有智慧。如果你沒改變的話，同樣的問題便會一再出現。你會以同樣的劇本，同樣的模式，在演同樣的人生，直到有一天學會了用新的心態、新的方式、新的體悟在過相同的日子，才開啟全新的人生。

任何你沒學會的功課，都會以不同的面貌不斷地出現在你生命中，直到你學會為止。

就像你剛學騎腳踏車時，可能一再跌倒，你會一直惦記著，且需要不斷地練習。

一旦學會了，就不再跌倒，也不必惦記該怎麼騎。

當你學會某件事物時，它就成了你的一部分，於是這些問題就消失不見。

即使遇到了，對你來說也不再是問題。直到你遇到其他的問題，再學習下一堂課。

最嚴重的事，是凡事看得太嚴重——小題大作

你是否有過類似經驗，當時你真是氣炸了——你車子被刮、房屋漏水、朋友爽約、孩子跟你頂嘴、上司罵你一頓、店員態度惡劣、伴侶又忘了你交待的事……，而今呢？你還氣嗎？

再回想一下，幾年前發生在你身上那件不得了的大事——不管是扭傷了腳踝、遺失了皮夾、大考落榜、失戀受騙或是犯了一個錯誤……。多年後的今天，回顧過往，是不是淡然許多，甚至早已淡忘？

有一回帶家人到福壽山農場野營，就在飯菜都準備好時，天空竟飄起雨

來，濃濃霧氣夾雜著忽大忽小的風勢，把桌椅都淋濕，連衣服鞋子也濕透了，真掃興！當時我邊收拾邊罵。奇怪的是，今天當我跟人談起這一刻，浮現的不是倒楣的回憶，而是充滿野趣的歡樂經歷。

從山頂望著地面，我們永遠看不到坑洞

當問題發生時，人們總是太嚴肅、太小題大作，而無法享受當下的時刻。等事過境遷再回頭看，這些看起來非常大的問題，也沒什麼大不了。這就是為什麼智者一再提醒：「凡事站遠一點看。」

想像一下，你走在市區路上，經過某個街角，突然有個人衝出來撞到你，卻頭也不回地繼續往前走。碰到這種情形，任誰都會生氣。現在換個高度，想像你從某個高樓看到了這一幕。你看到兩個人擦撞，你還看到路上來往的行人，看到川流不息的汽機車，看到遠方的山巒河床。當你愈看愈遠，再回頭看

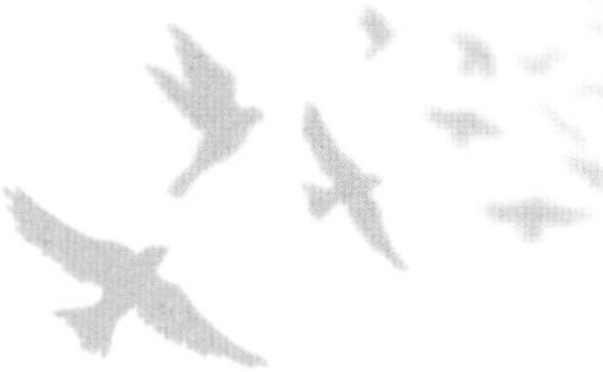

剛剛那個小意外，是否變得無足輕重呢？

我喜歡登山，從山頂望著地面，我們永遠看不到坑洞髒亂，看著開闊的藍天，遠方起伏綿延的山巒，腦中煩惱一掃而空。當然，你不必跑到山上才能遠離問題，暫時跳脫不愉快的情境，心靈就遠離了問題。當你一直沉溺某個問題，也是暫離的時候了。

你可以試著跳脫自己的處境，把目前所面對的狀況，拉遠時間看：「這個情況真的有我所想的那麼嚴重嗎？」「十年後我還會在乎這件事情嗎？」這個簡單的練習對情緒起伏，陷入困局的時刻，非常有用。雖然無法解決你的問題，卻可以讓你把眼光放遠，這正是你所需要的。

用幽默的心情，看待惱人的事情

人生大多的問題都是小事，當你把這些事與生死交關比，都是微不足道。

再難過的事，到了隔天就是往事；再倒楣的事，隔一段時間以後再看，很可能都成了一則趣事。

有次朋友聚會，席間剛好聊到體重的話題，一位發胖的朋友說了自己的遭遇。某天，他到賣場閒逛，正要離開時，沒想到店員把他叫住，要他打開外套，原來是店員看到他的「鮪魚肚」，懷疑他裡面有藏東西。他當時真是又氣又困窘，而今呢？他竟把這事當笑話般說給大家聽。

某件事好氣和好笑的差別只在「時間」。我喜歡跟老同學聚會，其中最美好的一件事，是什麼都想起來了，當時的蠢事、糗事、傷心事，在回憶裡，它們都變甜的。當時老師的嚴格、凶惡、無趣，現在聊起來，都成了笑點。

火氣上來時，去找找看，這件事有什麼有趣的地方。比方，約會的經過愈禍不單行，旅遊的過程愈不順，被騙的經驗愈離譜，規劃好的事愈出狀況，音樂會愈無聊，辦事員愈刁難、服務生愈粗魯、學生愈調皮、朋友說話愈誇張、伴侶愈多毛病、出的糗愈大……等以後你把它們當作笑話來說，就愈精彩有趣。

用幽默的心情，看待惱人的事情。你會發現，問題變小了，當事情在心裡變小，就變得很好解決了。這時，你不是解決問題，而是讓問題消失。

還記得十年前那件讓你爭吵，造成很大困擾，氣到快抓狂的事嗎？現在來看是否沒那麼嚴重，或已經沒意義了？

在你為了一些芝麻小事而牢騷抱怨的這時刻，回到剛剛的練習：

想想十年後，它還很嚴重嗎？你氣急敗壞的這一刻，會有什麼樣的回憶？

在你失意落難，為求不得所苦的時候：想想十年後，你會如何看待今天遇到的問題？

以一輩子來看會如何，它會留下什麼記憶？

你總是「想太多」嗎？——反芻思考

很多事，想太多，簡單的也變得複雜；很多事，想太多，單純的也變得煩亂。因為想太多就是問題的根源。

人們喜歡想東想西，卻很少人真正了解思考是什麼？為什麼你會不斷思索？那是因為不了解，才左思右想，如果你已經了解，你需要去想嗎？當了解產生，思考也就消失。就好比你在黑暗中摸索，必須思量：「路要怎麼走？哪裡有障礙物？」，如果你看得見，就不必思索，一切都很清楚。

許多人在遇到問題常陷入苦思，大家誤以為想久了就會「想通」。事實不然，當我們不斷思考某些問題，就是所謂的煩惱，不是嗎？一直反覆思考那些煩惱，只會放大問題，愈想心愈煩亂，這種思考方式在心理學上被稱為「反芻思考」。

思緒，爲什麼「剪不斷、理還亂」？

聚焦於自己的問題與狀況，會一直糾結那些問題與狀況。當情緒低落時，會讓你想到一些鬱悶不樂的事，因而你的心情更低落，這又讓你想到更多消極的事，讓自己沉溺在負面情緒當中，這樣的反芻機制一旦開啟了，是很難停下來的。

它會佔據大腦，影響我們對於其他事情的思考，消耗我們的能量和精力，減低解決事情的能力，同時，也會縮小生活中其餘可用的時間，阻礙了美好的事物和幸福的時光。近年研究發現過度思考變成習慣，還是導致心理病症的主

要原因之一。例如，焦慮者愈是往焦慮方向想，就感到愈憂慮；憂鬱的人愈是想憂鬱的事，就愈來愈憂鬱。

印度人抓猴子的方法很特別，將椰子打個洞，把香蕉放在椰子裡，綁在樹上。猴子想吃香蕉，手伸進椰子內拿香蕉，卻卡住拔不出來。如果猴子冥頑不靈，那牠就會一直被卡在那裡，動彈不得。但牠只要願意鬆手放下香蕉，就可以成功逃脫。其實，我們就和進退兩難的猴子無異，牢牢抓著各種思想不放，結果就會被卡住了。

專注在你所做的事情當中，就不可能胡思亂想

反芻思考一旦開始，往往難以停止。以下四個方法幫你擺脫：

一、**觀看思想**：就像走進電影院看電影的觀眾，當你觀看你的念頭，你會發覺，思想不斷來來去去。隨著這觀察，接著你會了解，既然念頭可以被你觀

察，那麼顯然思想並不是你。一旦你了解「我有想法，但我不是我的想法；我有煩惱，但那些煩惱並不是我。」當你覺知到這一點，你煩惱的事雖不會因此消失，卻不再困擾你。

二、回到當下：當你活在當下，思考就不存在，你怎麼可能「想現在」呢？你可以想過去，也可以想未來，但頭腦無法想現在，要怎麼想？當下裡只有活生生的體驗，如果你全然專注此時此刻，專注在你目前所做的事情當中，你就不可能胡思亂想。

三、轉移注意：把注意力轉移到令自己快樂的事情。逛街、看書、看電影、運動、跳舞等，讓自己全然投入其中，便會放下那些纏繞不退的想法。

四、把想法寫下：與其在腦中百轉千迴，不妨將它寫在紙上，或把問題一件件逐一列出來，這是內心平靜的好方法。「書寫」心中的話，可以很清楚發覺自己的思考模式，也是一種自我諮商。其次寫下來後，我們知道之後有時間再去思考，這件事便不會佔據所有的心思。

如果你有揮之不去的負面想法，同樣，可以把它們寫在紙上，再丟進廢紙簍裡。心理實驗證實，當你把這張紙丟棄時，心裡負擔也同時被丟掉！

反覆思考，常被誤解是在反思與反省。

想知道是否為「反芻思考」，可以問自己以下三個問題：

一、反覆思考這問題，是否有解決方案？

二、反覆思考這問題，感覺是否好多了？

三、反覆思考這問題，是否看得更清晰？

如果這三個問題的答案都是「不」的話，就是反芻思考。

反芻思考不是解決問題，而是在放大問題和煩惱。

想太多，情況會愈糟，情緒愈強烈，心情就愈不好。

第五章
未提升的人性，是最大的不幸

永遠不要從別人嘴裡去認識另一個人——說人是非

有人的地方，就有是非，因為人的通病就是好道人長短，好說人是非。茶水間八卦，朋友圈吐槽，三姑六婆閒言閒語……隨處都可以聽到人們在繪聲繪影，蜚短流長，道聽塗說；更糟的是發話者很少當面說，而是在背後。當口耳相傳，添油加醋後事實早已失真。在人云亦云，以訛傳訛下，時間一傳久了，捕風捉影的事也成了事實。

如果有一個人說你是賊，人們一定都嗤之以鼻地不予置信。那麼有兩個人也這麼說，這時人們的心就會動搖了，也可能會半信半疑。後來有三個或更多人都這麼說，很可能大家就會把你當成賊看待了。這就是謠言耳語的可怕。

多年前，我的部門同事向上司告狀，我不知道他們有多相信；但很明顯的，彼此間有了嫌隙，感覺距離疏遠。還好在調職前，有主管說溜嘴，才得以解釋，否則我不成了啞巴吃黃蓮。

我們論人是非，或許覺得沒什麼，但被說的人卻如芒刺在背，這是把自己的快樂加在別人的痛苦之上。我們傷害了他人的名譽，萬一我們說的話傳到當事人耳裡，也傷害了感情。

一個人的口德，就是一個人的品德

小時候住鄉下，在村裡幾十年的鄰居，難免遇到糾紛不合，並沒有深仇大恨，但有些人喜歡嚼舌根，樂此不疲，被對方聽說後，搞得怨恨愈來愈深，老死不相往來。

所謂「來說是非者，便是是非人。」被說的那個人，未必是是非人；說別人是非的，必會惹是生非。

我曾不只一次聽到有人透過朋友來轉達，要我小心某人，因為他們聽到他在背後說我的壞話；也曾有朋友來告誡我，某朋友是雙面人，要我保持距離。可見，我們在別人面前毀謗其他人，聽者可能會嚴格評斷我們的話；我們在背後中傷人，別人會對我們更加防範；當我們破壞別人的名譽，其實損壞的是自己的信譽。

一個人的口德，就是一個人的品德。古希臘哲學家蘇格拉底早提醒：「別聽信搬弄是非者的話，因為他不會出自善意，他既會揭發別人的隱私，當然也會同樣待你。」一個會在別人背後捅刀，同樣也會在背後對你下毒手。他今天和你說別人的缺點，明天就可能和別人挖你的痛點。他會出賣朋友，難保他不會也這麼對你。

試想，明天角色互換，你作何感想？

哲人說，我們要說的話，一定要經過「三個篩子」，也就是「三個問題」，過濾才可以對他人說。

第一道篩子，你要說的事是「真實」的嗎？

第二道篩子，你要說的事是「善意」的嗎？

第三道篩子，你要說的事是「重要」的嗎？

如果要告訴別人的事，既不真實也非善意，更不是重要，那麼就別說了吧！如此，那個消息便不會造成困擾。

一句壞話造成的傷害，一百句好話也彌補不了

對事不了解而妄加論斷，是不客觀；對人不了解而妄加論斷，不但不客觀，更不道德。你聽到什麼，固然不由你；但你要說什麼，可就完全操之在你了。傷害別人的話千萬不要亂說，不要做流言的始作俑者，當然也不能成了是

非的傳播者。一句壞話造成的傷害，一百句好話也彌補不了。

曾有人跟我講一個朋友的事情，當時我驚訝萬分：「怎麼可能，他不該是這樣的人啊！」可是說的人言之鑿鑿，讓我半信半疑，甚至開始動搖我對朋友的看法了。

那之後接連好幾天，我都難以釋懷，想想我認識的那個朋友，再想想別人說的那些話，我滿腹疑惑：他們說的真的是同一個人嗎？

突然，我恍然大悟：從別人嘴中我真的以為自己了解嗎？我應該先查證一下或直接找當事人問清楚。至少要先用三個篩子篩過，讓不「真實」、不「善意」、不「重要」的事先過濾掉，而不是從別人嘴裡去認識另一個人。沒錯！

猶太格言：「只要注意三件事，你將不至於陷入到罪惡的深淵。它們是：有一雙眼睛在看你，有一對耳朵在聽著你，你所有言行將被記錄於書裡。」

談論別人時，要覺得他們彷彿就在你眼前——你會怎麼說？

在別人背後能做的最好的事，就是讚美他，因為這些話很可能都會傳到當事人的耳朵。

對背後說你壞話的人，最好的回應也是讚美他。當你連詆毀自己的人都能讚揚，還愁沒有人喜歡嗎？

這世上有一種東西百害而無一利——愛發脾氣

生活中誰都有過為瑣事爭吵的經歷，爭到後來，我們就不再為爭對錯，而是為了爭一口氣。也就是說我們是被自己的情緒牽著走的，所以吵架時真正的敵人不是吵架的對手，而是自己的情緒。

人會發脾氣，無非是不服氣，忍不住氣，為了出一口氣。然而當我們暴跳如雷、氣急敗壞，不但傷害身體，擾亂心情，還傷了和氣。最可怕的是：火氣上來，就會思慮不週，言語粗暴，表現失態。一時的衝動可能做出魯莽愚昧的事，造成終身後悔。

你和同事生氣，工作會不順利；和朋友生氣，關係會出現裂痕；對伴侶發飆，婚姻容易觸礁；和親人生氣，心的距離會愈離愈遠；對孩子經常急躁發火大呼小叫，不僅會造成孩子暴躁易怒，也會學習到用亂發脾氣來表達情緒。失控的「情緒」，才是我們最大敵人。

有些事，你該知道

愛發脾氣眾叛親離。愛生氣的人有如刺蝟，表面很讓人害怕，但內在是害怕受傷，只是用來保護自己，卻也讓人遠離自己。

脾氣不好的人，總掛著臭臉，讓人不敢親近；動不動就發脾氣，喜怒無常的人，會讓人不知該如何相處共事，避之唯恐不及。發脾氣，會讓自己更生氣，也讓其他人開始生氣，把雙方關係弄得更糟。

憤怒的時候，就會犯錯。人憤怒的那一個瞬間，智商是零。根據交通意外統計，事故的發生有三分之一肇因於盛怒、激動的駕駛，而其中的三分之二會造成死亡。平日明理聰明的人可能做出失去理智的事。只要到監獄去問問看，他們有半數以上將會告訴你，「要是當時自己能控制好情緒，現在也不會被關進牢裡。」憤怒的後果，遠比它的原因更令人擔心。

生氣是慢性自殺。這是真的！研究發現七成疾病與情緒有關。常常生氣的人，會削弱免疫更容易生病；每生氣一次，心臟就會受傷一次，罹患冠狀動脈疾病的風險較高，憤怒爆發後導致動脈瘤破裂的風險要高出六倍。憤怒還會加劇廣泛性焦慮症及憂鬱症，讓情緒變更糟。經常感到壓力或憤怒，會導致壽命減短。

生氣不能解決問題。很多人說，有脾氣當下沒有發洩出來，就不開心。但是發洩了，有解決問題嗎？還是讓問題變得更嚴重和更棘手？

不要成為胡亂生氣的人。如果你生氣，別人會更注意你的怒氣，而不是你的問題。

大部分的事都不值得生氣。生氣的本質就是拿別人的錯誤懲罰自己。你和敵人生氣就中計，氣急敗壞，醜化自己，氣出了毛病，傷了自己。和傻瓜交戰，自己便成了傻瓜。

發脾氣是本能，控制脾氣才是本事

雄獅遠遠地看見一條瘋狗來了，趕緊躲開了。小獅子說：「爸爸，你敢和老虎拚鬥，與獵豹爭雄，如今卻躲避一條瘋狗，多丟人啊！」雄獅說：「孩子，我問你，打敗一條瘋狗光榮不光榮？」小獅子搖搖頭。「讓瘋狗咬一口倒楣不倒楣？」小獅子點點頭。既然如此，「幹麼要去招惹一條瘋狗呢？」

林肯說：「最好是讓路給一隻狗，不要和牠爭吵，以免被牠咬。因為即使殺了狗，也治不好你的咬傷。」

我自認個性開朗，很少發脾氣。可是，每次生氣，總會做出讓自己事後後悔的事，或是說出讓自己後悔的話。

每後悔一次，我就會暗自檢討一次，希望下次生氣的時候不要做任何衝動的事，不要講傷人的話。但經多次經驗，我發覺並不容易，因為人在生氣時多半會失去理智，言行和情緒會失控。

生氣不是不行，但不要忘記了「生氣的目的」。在發怒前，就得想清楚：「自己到底在氣什麼？」

你因某人生氣，想想看：對方有道理嗎？如果對方有理，是自己的過失，你憑什麼生氣？反之，如果對方無理，錯的是對方，又何必生氣？

在無法忍受的瞬間，要問問自己：那些不重要的人事物是否值得你生氣？而那些你愛的人，需要如此計較生氣？有用嗎？

如果發脾氣是沒有必要、沒有幫助、沒有建設性，就請冷靜下來。發脾氣是本能，控制脾氣才是本事。一個連自己脾氣都控制不好的人，通常也沒多大本事。

在生氣時，只要延遲一下自己的反應，大約一、二小時，氣自然就會消失不見。

有些事情在前一分鐘看似很氣人的事，下一刻卻覺得沒那麼嚴重。試著延緩發怒。生氣時，試試看延緩十秒，才以你一貫方式爆發。

下一次，試試延長三十秒，不斷加長時間。一旦你開始看出你能延緩發怒，你就學會了控制。

你也可以試著「在心裡倒著數數」。

例如「100、97、94、91、88……」像這樣，從100開始每隔3個數往回數。

當我們使用理性思考的「大腦新皮質」，回到冷靜判斷的狀態，即可避免受怒氣驅使，表現衝動的言行。

受不了氣，成不了大器——打擊與傷害

「感謝那些傷害過我的人。」許多成功傑出人士在受訪，或在頒獎典禮上得獎感言都說過類似的話，「我應該感謝他，當時那麼罵我、侮辱我，沒有他我不會改行。」「如果沒有這位敵人的批評，我也不會顛覆自己，做這麼大的突破。」「要謝謝曾經很不看好我的人，給我很大的打擊，讓我一直很努力。」

事實上，傷害本身，並不是帶著禮物和祝福而來的。有些人歷經傷害只會埋怨沒有成長，只停留在憤恨卻沒變強大，甚至從此一蹶不振。所以，真正應該要感謝的不是傷害的人，而是自己。要感謝的是，你在受傷之後沒有放棄自己，依然熬過難捱的日子，勇敢地走下去。

打擊你最深的人，造就一個更堅強的你

每個人都期待生命中的貴人，但更多時候常遇到敵人。什麼樣的人是「敵人」？是嚴苛的主管，不對盤的同事，帶來許多麻煩的人？是發現我們弱點，或者批評我們錯誤的人？是難搞的對象，還是競爭的對手？都不是，所謂「敵人」不過是你所排斥厭惡心裡所產生的對象。

李安執導的《少年Pi的奇幻漂流》，這部電影有許多發人深省的寓意，每個人的體會都不同，而我對這部電影的最大感觸是，敵人也是貴人。

假設當初電影的劇情，是一隻猩猩或一隻斑馬，被遺留在海上，猩猩或斑馬對少年**Pi**並沒有太大的威脅性，可能最後都一起死在海上。

但這部電影，安排留下**Pi**與老虎的相依為命，因為老虎的嗜肉如命，也

激發了Pi的求生意志，最後他克服一切活了下來。

你需要的貴人，很可能就是讓你不好過的敵人。打擊你最深的人，可能造就一個更堅強的你。

正因為別人的傷害打擊，讓我們看清人性的醜惡，看見什麼是生活的真相，逐步走向成熟。

正是那些批評責難的人，盯著我們的短處不放，讓我們看清了自己，反省修正，成為更優秀的人。

正是那些拒絕我們，侮辱我們的人，讓我們內心變強大，在受盡委屈折磨時潛能也被激發出來。或許沒有他們，便沒有現在的自己。

不和敵人交戰，而是向自己挑戰

我贊同阿里巴巴的馬雲所說：「成功，需要朋友；巨大的成功，需要敵人。」受不了氣，成不了大器。成功是來自貴人的提攜，也來自敵人的激勵；若沒有重重摔跤過，就不會風風光光再站起來。

有個女星被最好的朋友欺騙投資，生意失敗慘賠了幾千萬。爆發財務問題後，她負債累累、演藝工作也掉入谷底，但更讓她難過的，還是親密好友不斷對媒體放話，把責任全都推到女星頭上。

事件過了十年，堅強的她最後站了起來，不但還清債務，事業也重回軌道。某次接受訪問，聊到這段讓她傷痛的過去。

主持人問：「當時遭到最好的朋友背叛，難道妳不會想報復嗎？」

女星坦言：「當然會。我曾想自殺，讓她後悔一輩子；我曾想透過關係，毀了她的事業；我甚至曾想找來黑道恐嚇她，讓她嚐嚐活在恐懼的感覺……」

主持人問到這一內幕消息，連忙趁機追問：「那麼妳最後究竟進行了什麼報復行動？」

女星聳聳肩：「後來我想一想，我自殺死了，她頂多自責一陣子，不值得；毀了她的事業要花不少心思，但我卻不會因此多賺一點錢，不值得；找來黑道，萬一事蹟敗露，我還會吃上官司，毀了人生，更加不值得。」

主持人顯得有點失望：「所以，妳根本什麼事也沒做嘛！」

「不，我後來想出了一個方法，對她而言是最嚴厲的報復。」女星回答。

「是什麼？」

「因為她恨我，不希望看到我快樂，看到我成功……」女星微笑地說：「所以最嚴厲的報復，就是讓自己過得很好！」

不和敵人交戰，而是向自己挑戰。這世間最好的報復，就是讓自己邁向成功，告訴當年的敵人：你沒有被打倒，而且活得很好。說來還要感謝他！

要知道敵人仇人，都可以激發你的潛能，成為你的貴人。

試著以貴人的眼光來看待敵人；

不僅能發現別人的優點，也能幫助自己與他人相處，更能在過程中互助合作，互相學習成長。

寫一封信給你的「敵人」。在這封信裡，寫下一件真心感謝對方的事，並具體說明這件事對你的正面影響。

「謝謝你的提醒，讓我重新思考我的言行……」

「你上次提到的見解，現在回想來很有道理，真的要謝謝你！」

經常做這個練習：你會發現周遭都是貴人，敵人隨時有可能變成朋友。

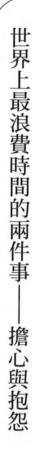

世界上最浪費時間的兩件事——擔心與抱怨

人常擔心的事有兩種：一種是無法控制的事，如股票漲跌、加薪晉升、天氣變化、生死禍福等。另一種是準備不足的事，如考試、比賽、面談、演出……我們擔心這些事情，因為我們怕自己搞砸或事與願違。然而擔憂毫無幫助，還會影響應付事情的能力，徒增煩惱。

人愛抱怨的事也有兩種：一種是不如意，一種是不滿意的事。我們常會看到一些人在不順遂的時候，最常做的，也最容易做的就是抱怨，可是問題還是沒變。任何人都希望能夠事事如意，事事滿意，但世上沒有這樣的事，所以永遠抱怨不完。你的抱怨只是在浪費時間，如果向別人抱怨，就是在浪費別人的時間。

擔憂徒增煩惱，抱怨眾叛親離

一位朋友的太太，幾乎每次見面都在抱怨，怨老公不體貼，怨孩子不爭氣，怨公婆難相處，怨她的小姑和小嬸們自私，怨家事做不完，怨她的工作不是人做的。可是過了這麼多年，她嫌到要命的那些人依舊，她罵到不行的工作依然在做，給她的建議就像耳邊風，自己一點都沒變，只是周遭的關係變糟，招來更多的抱怨。

解決問題是一回事，抱怨問題是另外一回事。抱怨會阻礙你積極有效率的生活，更重要的是它是所有負面情緒的根源。我們的負面情緒，有九成來自對別人的抱怨、對事情的不滿意。

我們擔憂也是如此。根據心理學家的研究，在煩憂的事情當中，約有一半根本不會發生，有百分之三十是既定的事實；剩下約百分之二十幾則是無關緊要的小事。換句話說，在我們生活所擔心的事情當中，竟有九成以上是杞人憂天、庸人自擾。

比方，擔心會不會遲到、擔心出門會不會下雨，擔心路上會不會有危險、擔心考試會不會通過、擔心客戶會不會反悔、擔心自己是不是生病了、擔心別人是不是討厭、擔心晚上會不會失眠、擔心會不會繳不出貸款……你的擔心能避免事情發生嗎？你的擔心有讓結果變好嗎？你的擔心有幫你解決任何問題嗎？

千金的憂愁也無法償還半金的債。

有句話說得好：「不為模糊不清的未來擔憂，只為清清楚楚的現在努力！」未來是不確定的，不管你對未來的擔憂有多少，你永遠都不會知道將來會發生什麼事。人生最重要的，是你現在正在做的事，你能為未來所做的最好準備，就是把眼前的事做好。

如果事情不能改變，抱怨有何用？

別擔憂太多，先反思自己準備了沒。

你怕表現失常，事情搞砸，比賽失敗，歸根究底，最可能的，最直接的原因就是準備不夠。所以加強練習，絕對好過一直擔心。「最好的準備，最壞的打算」。當有萬全的準備來應付各項突發狀況，才不會讓自己碰到時自亂了陣腳，手足無措。做好最壞的打算，才有最好的準備，當你連最壞的打算都不怕，那也沒什麼好擔心的。

別抱怨太多，先反思自己做了什麼。

我們要常在心裡發問一個重要的問題，「我在解決問題嗎？或是我已成為問題的一部分？」如果你老是抱怨，你本身就是個問題。

《不抱怨的關係》的作者威爾・鮑溫（Well Bowen）講得非常清楚：「吼叫不會讓你好過一點，反而會讓你更生氣；抱怨不會讓問題得到改善，反而會讓情況繼續僵持，讓你因為陷入『不滿→抱怨』的輪迴中更加不滿。愈發洩，愈不滿，問題只會愈來愈多；努力處理才能釋放負面能量，讓你釋懷。」

的確，如果事情可以改變，何必擔憂？如果事情不能改變，抱怨有何用？

遇到不如意，不滿意的事時，問自己：這是我能掌控的嗎？

你能控制天氣嗎？你能控制別人的個性嗎？你能控制他們對你的態度嗎？你的婚姻、小孩、健康、事業、人際關係，都是你能決定，按你的期待發生的嗎？在工作上你可以決定晉升嗎？在投資上你可以保證獲利嗎？

你能確定你愛的人就一定會永遠愛你嗎？你對一個人好，他就會對你好嗎？

如果不是你能掌控的，接下來問自己：那麼你能改變嗎？

若是不能，為什麼要去擔心抱怨呢？擔心抱怨就能改變嗎？

心態，決定一個人的狀態——敷衍怠惰

三個工人在工地砌牆，有人問他們在幹嘛？

第一個人沒好氣說：砌牆，你沒看到嗎？

第二個人笑笑：我們在蓋一幢高樓。

第三個人笑容滿面：我們正在建一座新城市。

十年後，第一個人仍在砌牆；第二個人成了工程師；而第三個人，是前兩個人的老闆。

三種不同回答，展現了三種不同的心態，決定三種不同人生。

人們每天做的事都差不多，上班上學，吃飯睡覺，工作謀生、愛人與被愛……。然而，現在問題來了：如果人們做的事都差不多，那麼，是什麼東西讓他們變得不同？為什麼有人總是笑臉常開，有人卻繃著臉孔？有人做事認真負責，有人卻消極敷衍？有人充滿熱情，有人卻意興闌珊？

答案是：「心態。」

人們採取什麼心態，往往決定他是什麼樣的人

什麼是心態？簡單說，就是心理狀態，心態就是透過外在行為來表達的內心想法。你對工作的想法，就是你工作的心態；你對婚姻的想法，就是你對婚姻的心態；你對人際關係、周遭環境，以及人生各種經驗的想法，都創造出你對這些事情的心態。

舉例來說，你報名參加某課程，在課堂上，老師突然把你叫起來，問了你

一連串問題，這時候你會：「感覺老師有意為難你。」或是「覺得機會難得，從這次的經驗學到很寶貴的一課。」這之間的差距便是「心態」。

你每天上班工作，為什麼要上班工作呢？「沒辦法，我必須賺錢。」「可以發揮所長，有成就感。」「能從中學到各項才能，將來往更高階的職位發展。或是有機會自行創業，一圓當老闆的夢想。」你採取什麼心態，往往就決定有什麼樣的表現。

一個人若是得過且過的心態，所表現出來的就是敷衍懶散，每天渾渾噩噩過日子。積極進取的心態，所表現出來的就是負責敬業。所以由心態也能夠看出一個人是什麼樣的人，心態就是一個人對自己的人生態度最真實的反應。

心態，決定一個人的成敗。來自哈佛大學的一項研究發現，態度比聰明才智、教育、特殊才能、機運更重要。人生中百分之八十五的成功都歸於態度，百分之十五則在能力。雖然，要將這些特徵以準確的百分比列出來是很困難，不過，那些研究人類行為的專家都同意：一切成功的起點，是培養一個好的態度。

心態，決定一個人的狀態。有良好的心態，就能每天保持飽滿的精神，積極學習，勇於挑戰，有團隊合作精神，願意付出更多。好的心態就是創造自我價值，好人緣的主因。

心態，決定一個人快樂的關鍵。因為人可能無法改變外在環境和天生條件，但改變心態卻是我們可以做得到的。對於無法掌握的事情，我的態度可以是成就改變的關鍵。

一旦心態改變了，一切就跟著改變

通用公司的裁員名單中，內勤辦公室的艾麗和密娜都榜上有名。按規定，她倆都將在一個月後離開公司。

第二天上班，艾麗的情緒很激動，誰跟她說話她都氣沖沖的，逮到誰就向誰開火。裁員名單是總經理定的，跟其他人沒關係，艾麗也明白這一點，但心裡氣不過，又不敢找總經理發洩，只好找人出氣。

自然，大家都儘量避開她，辦公室訂便當、傳送文件、收發信件，原本屬艾麗做的，現在都無人過問。艾麗原本很討人喜歡，但現在，她人未走，大家卻有點討厭她了，希望這個月趕快結束，好讓她早點滾蛋。

密娜也很討人喜歡，同事們早已習慣了這樣對她說：「密娜，幫我把這個打一下！」「密娜，快把這個傳出去！」密娜總是愉快地答應，愉快地去做她該做的事。

裁員名單公佈後，密娜哭了一晚，第二天上班也是無精打采的。但打開電腦，拉開鍵盤，她就和以往一樣工作了。密娜見大夥不好意思再吩咐她做什麼，便特地跟大家打招呼，主動找事做。她想，反正做也是一天，不做也是過一天，以後想做恐怕都沒機會，不如做好最後一個月。她的心情漸漸平靜。

一個月後，艾麗如期的離開公司，而密娜卻從被裁員名單中刪除。主任當眾傳達了總經理的話：「密娜的工作，誰也無可取代；密娜這樣的員工，公司永遠不會嫌多。」

改變不了的事情，就改變你的心態。一旦心態改變了，一切就跟著改變。

如何選擇正確的心態

一、檢視你當下的心態。做任何事情都取決於心態，如果你帶著抗拒心態，會覺得辛苦負擔；帶著歡喜心態，就覺得開心喜悅。當事情不順心，要先檢視自己的內心，可能是你心態不正確。

二、為你的態度負責任。你要主動積極，還是怠惰散漫；要打起精神，還是無精打采，自己可以決定。既然是自己決定，結果當然自己就要負全責。

三、調整好的心態。當我們不再能改變一個情況時，我們能做的就是改變自己。改變自己就是調整好自己的心態。當心態改變，就改變事態的後續發展，也改變人生。

第六章

正視弱點，迎向轉捩點

如果你都懷疑自己，誰會相信？——沒自信

什麼是自信？為什麼我們容易失去自信？

自信是指對個人能力、優勢的自我肯定。通常我們對自己長處、興趣與擅長的事相對有自信，對自己的短處、不擅長或沒把握的事特別沒有自信。當周圍的人都很漂亮，比自己厲害，就會覺得沒自信，但是身邊的人都很遜，比自己差，這時後又變自信。

有時候我們完成一件事，達成一個目標，會覺得自己信心十足，但過不了多久，遇到困難失誤，很快又回到原點。當我們成績進步，表現出色，都會以

為「找回」自信，後來成績表現乏善可陳，自信又不見了。有人誇你，肯定你，「你很行！你最棒、一定做得到！」這種自我感覺良好的情況，最多大概也持續個三天吧。

自信一直處在不穩定的狀態，時有時無，時多時少。就算各方面條件再好的人也一樣，遇到挫折也會失去信心，被打敗了自信也會垮掉。

自信，是你對自己的觀感，而非真實處境

那麼，要怎樣才能有堅定的自信？

所謂「自信」從字意來看，就是從「相信自己」而來，而要相信自己，首先得接納現在這個不完美的自己才行；如果你都自我否定，還談什麼自信？

有自信的人，不是完美無缺，而是有深刻的自知之明，就不會輕易被別人的評價和判斷所影響。相反的獲得稱讚也不會自負自滿，因為對自己很瞭解，

不可能因為別人的眼光或說詞而改變事實。

有自信的人，不是什麼都擅長，而是了解「自己能做什麼」，知道哪些是自己欠缺的？哪些是需要改進的部份？不自欺欺人，能面對自己的缺失，相信自己有能力克服，這種「自我肯定」的正向感覺就是自信。

我認識一位老師，雖然腳有殘缺，卻選擇加入舞蹈團，她定期舉辦公益表演，鼓舞和感動了許多面臨低潮的人。有次我們談到如何在舞台上展現自信時，她說：「我自信的由來，就是可以將自己沒有自信的部分，很自然地表現出來。」

自信，並不是「實際的自己如何」，而是「對自己的感覺如何」，這是很重要的一點。就像有些人明明長相不錯，能力又強，卻沒有自信；有些人長相普通，沒有高學歷，但說起話來胸有成竹，全身上下散發熱力。

你愈有自信，別人就認為你愈有能力。想起有句格言：「你必須知道，人們是以你自己看待自己的方式來看你的。你對自己自憐，人家則會報以憐憫；

你充滿自信，人們會帶以敬畏；你自暴自棄，多數人就會嗤之以鼻。」如果你都懷疑自己，誰會相信呢？

不管別人怎麼說，相信自己

以下有五個讓你獲得自信的實用方法。

一、相信自己可以。自信是非常主觀的，它是一種對自己的感覺。當我們對自己的感覺正向，我們便會產生自信；感覺負向，便沒有自信。擁有自信，哪怕是面臨困難的處境，極大的挫折都能讓人起身奮力迎戰；但是一旦沒了自信，只要一點點小小的挫折，就足以讓人退縮、自卑自閉。

二、專注在自己的優點和長處。電鍋不能炒菜，但可以蒸包子、煲湯、煮飯、滷肉、做西式甜點布丁。不要太擔心那些你不能做的，只要做那些你能做的。把注意力和精力轉移到自己最感興趣和擅長的事情上，從中獲得的樂趣與成就感將強化你的自信。集中發展優點，缺點就會變得無關緊要。

三、檢視過去的成就。列出過去達成的目標，完成的重要成就，能夠瞬間恢復自己信心。在失意時拿出這張清單，提醒自己的能力比自己想像得還要強，現在的困境只是一時，必定能渡過難關。

四、用行動來證明自己。能做成多大的事情，就有多大的能力。不要讓恐懼或自我懷疑影響你，你愈害怕就愈無法勇敢向前；積極面對挑戰，能力才會不斷得到驗證。當你克服重重考驗，重新審視自己，發現自己如此優秀時，必定擁有自信。

五、假裝很有自信。假裝就是要表現出「彷彿我是」的樣子。如果你心裡感到害怕，就假裝自己是勇敢的人；如果你覺得沒有魅力，就假裝自己很受人歡迎。同樣，如果你想變有自信，就以自信的心態、言行、姿態讓自己看起來充滿自信，打起精神，抬頭、挺胸、微笑。久而久之，就不必再假裝，因為你已變成有自信的人。

知名的 TED 論壇曾有一則影片，點閱率排行高居全球第二。講者是哈佛心理學家艾美．柯蒂（Amy Cuddy），以自身的例子給了我們啟發。

原本自信的她，因一場車禍，智力嚴重受損，這種打擊讓她對自己的能力、表現產生了強烈的懷疑和自卑。

但她沒有放棄，在導師的鼓勵之下，她開始「假裝自信」，以一種自信者的身體姿態來表現，一次一次的面對挑戰並取得成功之後，她真正的發自內心重新相信自己的能力。

有興趣可以閱讀《姿勢決定你是誰》一書或上網查詢。

如果不試，怎知道不行？——不敢冒險

為什麼有些人一直都無法踏出第一步？

怕走出舒適圈，無法適應。

怕犯錯會被嘲笑。

怕做不好會一無所有。

怕失敗會一蹶不振……

心中的恐懼早已戰勝了渴望的聲音。這是因為人的本性就是喜歡安全，遠離危險，自從人類知道如何生存的時候，情況就一直如此。即使到了今天許多人仍然選擇謹慎行事，避免冒險和犯錯。又因為犯錯時，會被批評懲罰，會被視為是差勁、可恥的，讓人討厭、不被喜愛，那就是為什麼跨不出第一步。

「冒險就會有風險！」沒錯，但如果凡事都要十拿九穩，都要有完全的把握才願意去做，那我們可能沒有什麼事能做的。

如果你已失敗很多次，說明你勇於冒險

生命的本質就是風險。從出生、長大各有不同的風險，生孩子有風險、過馬路有風險、交朋友有風險、投資有風險、就連睡覺也有風險，多數人都是死在睡夢中。人生中的風險無所不在。而且，不知道的風險又比知道的多。

所謂的安全感，就像溫水煮青蛙，愈踏不出第一步，就愈難踏出；愈猶豫等待，就愈陷入危險，不敢冒險才是最大風險。

一位人資主管告訴我，每次在面試一些新進人員時，他總會詢問對方過去

是否有失敗的經驗，如果對方回答「不曾失敗過」，他會認為對方不是說謊，就是沒膽識。

冒險免不了犯錯，但途中所帶給你的經驗會讓你成長，那些犯錯的過程，不過是在提醒你：「這條路行不通，換另個方向，再試試看！」

樹枝的末端是很危險，但所有的果實都在那裡。要得到一些你從未擁有的，就必須做一些從未嘗試的事。在你心中有夢嗎？有沒有什麼是你一直想去做的事？趁著年紀還輕時，去嘗試任何的可能。一個害怕犯錯的人生，像是不曾活過的生命，總是原地打轉，望而怯步，然後一回首才發現，自己什麼都錯過了，這比起失敗更可怕。

Just do it. 放手去做吧！

我們每一個人都可以很平凡，也可以很不平凡，一切取決於我們有多大的決心，更取決於我們有沒有踏出那一步。

常有人說，我也知道行動的重要，可是我什麼都不會，又沒有經驗，要怎麼開始？試問，有誰一開始就什麼都會？舉凡說話、走路、開車、寫作……，當父母、當主管，甚至當總統，哪個人不是邊做邊學，先做了再學？除非嘗試，否則沒有人知道自己究竟能夠成就什麼？

我自己寫書的例子，有次我計畫很久想寫一本有關「思考能量」的書，不料才開始動筆就遇到困難，因主題涉及許多不熟悉領域而坐困愁城，於是前去向一位前輩請益。

「你已有了好的構想，就該去做。」他說。

「但是，這需要有足夠的專業知識才能完成，而我並不懂。」

「去弄懂它！」前輩以堅定的語氣回答道。

「對，就是去弄懂它。」還好這幾個字的激勵，書本得以完成。

馬丁·路德·金恩博士的名言：「你不需要看到整個樓梯，只要踏出第一步。」即使第二步路還不清楚，不必擔心，只要踏出一步後，慢慢會撥雲見日。這就像一個人提著燈籠走在幽暗的山徑裡，在黑暗中雖看不見山徑的盡頭，可是燈光卻足以照亮他的下一步。

Just do it. 放手去做吧！

關於不可能，印度詩人泰戈爾曾說過一段話：

「可能」問「不可能」道，

「你住在什麼地方呢？」

它回答道，「在那無能為力者的夢境裡。」

人生有很多可能，但要踏出第一步才有機會成為「可能」。

你的下一步或下一個機運不會先出現在你眼前，除非你勇敢踏出第一步。

你會發現，沒什麼是不可能的。

等我們覺察時，大多早已根深柢固——壞習慣

一早要喝杯咖啡。

拖到很晚還不睡覺。

壓力來臨時大吃垃圾食物。

在無聊、煩躁時常不知不覺地抖起腳來。

打開手機不自覺檢查 LINE、滑個臉書或 IG。

以上行為，有什麼共通點？不論你有沒有察覺，這些行為都是出於一個深具影響力的東西，就是習慣。

據研究統計，人有接近一半的行為是沒有經過意識，單純靠習慣而做出的。有人一早就下床，出門跑步，已持續幾年，是習慣；有些人動不動就生氣，做事粗枝大葉，也是習慣。亂花錢是習慣，愛吃零食是習慣，抽菸喝酒是習慣，懶惰是習慣，半途而廢也是一種習慣。習慣之所以可怕，在開始時，常是不經意，但是等到我們覺察時，大多早已根深柢固了。

一旦養成習慣，就很難戒除

以前我不是很認同「管教」這件事，總覺得教育孩子應該「順其自然」，而不是管東管西。

有次餐會，旁邊坐了一位老師。閒談中談起自己教養小孩的經驗，她說：「從小把規矩教好，長大就輕鬆了。」

想想也對，行之已久，自成習慣。像坐姿禮儀、口腔衛生、做事態度或生活習慣等等，開始有偏差時，糾正還不難，一旦養成習慣，恐怕積習難改。

習慣是怎麼形成的？人的大腦有如覆蓋著白雪的山。現在，想像你踩上雪橇，開始往下滑滑行。第一次，你根據丘陵的特性和自己滑雪的技術，選擇比較容易的路線。如果你整天都在滑雪橇，你會開出好幾條路徑，並且慣性滑這幾條路。漸漸地，路線上留下深深的印痕，你愈來愈不想離開這些路徑去開創新路徑。

所以，一旦養成習慣很難戒除，因為這些路徑快速順暢。如果你想要換條路徑，就得克制想尋求舊路徑的衝動，然後慢慢地開拓其他新路徑。

就像英國大作家王爾德所說：「起先是我們造成習慣，後來是習慣造成我們。」好習慣一旦養成了，一輩子受用；壞習慣一旦養成了，一輩子受害。

萬事起頭難，持之以恆更難

要如何改變壞習慣並養成好習慣？

一、開始建立習慣——持之以恆最重要。

許多人常高估自己的能力，企圖完成大改變，多半維持個幾天就堅持不下去，這樣不僅達不到成果，反而有損自信心。

最好能循序漸進：如果你要養成閱讀習慣，不妨先從每天一頁或一個篇章開始。假如你想要運動的習慣，時間短沒關係，每天做一點就會進步，重要的是持續不斷。

二、戒除壞習慣——讓這件事變得更麻煩。

如果你想要早起的習慣，把鬧鐘放在距離床遠一點的地方，讓關鬧鐘變得更麻煩，就能幫助你避免賴床。如果你想戒煙，丟掉所有香菸、打火機。出門時，選擇去禁止吸煙的場所，或儘量選擇坐在餐館的無煙區。

作家雨果曾面臨一個不可能的截稿期限。為了對抗拖延的惡習，他請助理把他所有的衣服都鎖進一個大櫃子裡，除了一條大披巾，他沒有東西可穿。因為沒有能穿出門的衣服，他就待在書房寫作。結果，比期限早了兩週完成。

三、達成好習慣——有明確的目標願景。

養成習慣過程中，不要糾結在「習慣的行動」本身。例如每天六點起床，走一萬步、一天少抽十根菸。而是要清楚想達到的「目標願景」到底是什麼？成果是什麼？

以戒菸為例，你將開始感受空氣的清新，食物的美味，身上不再有菸臭，牙齒變白，咳嗽痰液減少，皮膚變彈性，還可以呼吸功能及循環系統獲得改善，大大降低罹癌以及中風的危險性。有了目標願景會更有動機達成。

四、除舊布新——用好習慣取代壞習慣。

壞習慣不容易改掉，不如用好習慣代替它。例如，你想要養成讀書的好習慣，試著將原本擺放零食的地方換成書本。當你想要吃零食的時候，改拿起這些書，看個幾頁，不斷重複這一個過程。漸漸地，你不但減少吃零食，同時養成了看書的習慣。

以前我有熬夜的習慣，之所以想改，除了健康的理由，我更喜歡的是早起有充裕的時間可以去運動，悠閒地吃早餐，或是寫些文章，這讓我活力滿滿去進入一天的挑戰。而因為要早起，就必須早睡，不早睡不行，怕明天起不來，會沒精神，所以熬夜的壞習慣也改了。是不是一舉兩得？

改變習慣的初期，特別容易放棄。不必要求做到最好，但求確實執行。接下來是倦怠期，一開始的那股熱忱消退，很容易半途而廢。

最好能設定階段性的目標，並在達成時給予獎勵，這樣會更容易堅持下去。

在最後的階段，由於已經持續一段時間，成就感逐漸平淡，好像繼續做下去也沒特別感覺。千萬別放棄，因為你快變習慣了。

有人說：第一次放棄是痛苦的；第二次放棄則較為輕鬆了；而當你放棄第三次，你就已漸漸的把它當作習慣了。一旦你學會放棄，你就會習慣性地放棄。

真正讓人無法相處的原因——自以為是

人際關係最忌諱的就是：自以為是。

自以為是所有事都從自己的觀點出發，總認為自己是對的。一旦有人的行為觀點天差地遠，就難以忍受。譬如一個愛乾淨的人會看不慣邋遢的人，急性子會對慢郎中發火。

自以為是很難接受別人意見，所以難溝通；因為只想要別人的理解，卻沒想過去理解別人，所以難相處；因為堅持己見，所以常與人衝突，互不讓步雙方就撕破臉。

自以為是還有個特徵就是很愛面子，就算知道是自己錯，也會極力捍衛，原因很簡單：「一旦認同別人觀點，不就承認自己是錯的？一旦改變了，不就證明自己之前的做法不對？」那就是為什麼自以為是的人很難改變，寧死不認錯。

每個觀點背後必有道理

本來，同一件事情有許多不同的觀點，而且立場不同，角度不同，你的觀點跟我的差異分歧，這很正常。如果別人跟你一樣，不代表這個觀點是「對」的，只是觀點相同；雙方的觀點不同，也不代表這觀點是「錯」的，只表示觀點不同。真正錯誤是把自己的觀點加於別人身上。

我們時常聽聞夫妻之間為了擠牙膏等雞毛蒜皮的小事口角不斷，也常聽說雙方個性不合導致爭執和分手。事實上，觀點不同，個性不合，不代表無法相處。真正讓兩人彼此無法相處的原因，是無法尊重不同的個性和觀點。

你可以希望對方認同你的觀點，但你不能否定對方的觀點；你可以不認同對方做事方式，但要尊重別人有自己的做事方式。以理解代替批評，設身處地從他人的立場去思考，思索他人的想法，感受他人的情緒，以便體會、理解他們的觀點。如果大家都能認真看待這一點，想必可以大量減少衝突與摩擦。

有一對夫妻吵架，太太指責先生下班回到家就是擺爛，只會靠在沙發看電視、滑手機，也不聽她今天發生什麼事。但先生也有話說，他說自己整天上班已經身心俱疲了，回到家只想好好放鬆，這有錯嗎？若還要專心聽太太訴苦，那不是更累嗎？

「每個觀點背後必有道理」把這句話牢記著。一般人不會無緣無故做出讓別人厭惡的事，也不會故意讓自己不好相處。有時候，別人看起來毫無道理可言，他們只不過是出於一套與我們不同的觀點。先假設對方有理，可以讓情緒平復，客觀理性地看待問題。

你我看法不同，但你的觀點和我的觀點一樣重要

美國一位名聲遠播的社會評論家孟肯，因為常在報上批判美國人生活方式的文章，所以不斷地收到成堆讀者們寫信來咒罵他。

然而，孟肯給予每一位讀者們的回信內容全都一樣——「你說的也許有道理。」只有簡單的一句話，多少潛藏的衝突爭端消弭於無形。

環視我們周遭，想想所有我們認識的人，最不友善的人，就是那些自以為是的人，他們無法理解別人是以不同的方式看世界。相反的，那些了解「我的觀點」不是「唯一觀點」的人，幾乎總是最好相處的人。

你看到阿里山的日出、鐵道，我看到阿里山的晚霞、神木，都是同一座山，你看到的風景和我看到的未必相同。同一件事，可以這樣認為，也可以那樣認為，儘管你我看法不同，但你的觀點和我的觀點一樣重要。

我喜歡喝茶，你喜歡喝咖啡，即使我們不同也沒有影響，尊重接受就好；

關鍵的是，不要自己喜歡喝茶，就看不慣不喜歡的人，還強行要求別人必須喜歡。

任何時候當你與人衝突的時候，問這個重要的問題：「這個衝突是怎麼來的？是不是觀點不同造成的？」

當你不再執著於自己的觀點，會有這衝突嗎？還會那麼生氣嗎？

當你與人爭論的時候，問自己：「到底哪一個比較重要？是我的觀點，還是我跟這個人的感情？」

爭論中是沒有贏家的，只會讓雙方更加堅持自身立場。

就算你在爭論中佔了上風，你還是輸了，因為你已漸漸失去你們的情誼，失去別人對你的好感，失去別人對你的尊重，還會對你心生怨恨。

看清別人易，認清自己難——不反省改過

一個好的學生需要具有甚麼條件呢？要有自我反省的能力。

一個好的伴侶需要具有甚麼條件呢？要有自我反省的能力。

一個好的父母、好主管、好員工、好朋友、好孩子……需要具有甚麼條件呢？沒錯，要有自我反省的能力。

如果你問我，我將很肯定地回答。人非聖賢，孰能無過，犯錯不必太自責，但必須有自覺，有自覺才會自省，才能不斷進步，愈來愈好。

孟子不止一次講到「行有不得，反求諸己」。人往往意識不到自己身上存

在的問題，就像眼睛看不到自己的睫毛。自省就是省察自己言行，檢討自己缺失，提醒自己不犯同樣的錯誤。反之，不願認錯，不斷替自己的過失辯解，就不可能有任何改變，因為問題都出在別人，你有什麼辦法呢？

有位女主人對來應徵的女傭說：「妳能做得長久嗎？我看妳已經離開過不少地方了。」

女傭：「是的，太太，但我離開那些地方，都不是我願意的呀！」

各位認為，她改變的可能有多少？

認錯可以修正錯誤，還可以修補關係

這故事許多人應該都聽過：

山上有二間和尚廟，甲廟的和尚經常吵架，互相敵視，生活痛苦；乙廟的和尚，一團和氣，個個笑容滿面，生活快樂。

於是，甲廟的住持便好奇的前來請教乙廟的小和尚：「你們為什麼能讓廟裡永遠保持愉快的氣氛呢？」

小和尚回答：「因為我們常做錯事。」

甲廟住持正感疑惑時，忽見一名和尚匆匆由外歸來，走進大廳時不慎滑了一跤，正在拖地的和尚立刻跑了過去，扶起他說：「都是我的錯，把地擦得太濕了！」

站在大門口的和尚，也跟著進來懊惱的說：「都是我的錯，沒告訴你大廳正在擦地。」

被扶起的和尚則愧疚自責的說：「不！不！是我的錯，都怪我自己太不小心了！」

前來請教的甲廟住持看了這一幕，心領神會，他已經知道答案了。

人都想要顧全自己的「面子」，往往很難拉下臉承認錯誤。其實認錯表示我們是有勇氣、有擔當、肯負責的人，表示我們夠謙遜，沒有自負到不願認錯。

當我們放下身段認錯，可以修正錯誤，還能修補關係，增進人跟人之間的感情。

當你承認你的錯誤時，你已經做對一半了

這是我多年前學到的經驗，當時我開車載孩子去看表演，擔心時間趕不上，見綠燈方向的車流已過，路口也沒車，心急就闖紅燈。當下，孩子對我說：「老爸，你沒看到紅燈嗎？」我自知理虧，於是向孩子道了歉：「因為怕遲到，闖了紅燈，對不起，我不應該做壞榜樣！」

我承認，開始時很難啟齒，但這些年，當我向孩子道歉過幾次後，發現這麼做並不會損及父母的權威，還會建立互信和情誼。孩子可以放心對我說真話，他們知道我不會惱羞成怒破口大罵，而當他們犯錯時也不會否認，找藉口。

「當你承認你的錯誤時，你已經做對一半了。」我總是這樣告訴孩子。「當你知道自己錯了，並及時改正過來，這又做對另外一半。」

曾讀到鐘憲瑞教授一段論評很有感觸：「漢武帝知錯、認錯、肯改錯，創造後代再起的機會；晉武帝知錯、認錯、不改錯，枉費任內些微治效、更禍延後代；乾隆知錯、不認錯、不改錯，浪擲順康雍幾代積累，讓後代走向中衰；崇禎智不足以知錯，立遭橫禍。」

古人每天檢點自己的行為，做了一件善事便在缸裡放了一顆紅豆，做錯事便在缸裡放了一顆黑豆，每天這樣反省自己，日子久了，缸裡的紅豆就愈來愈多，黑豆也愈來愈少。每天睡前花點時間自省吧！

犯錯要能「知錯」：自己做錯了什麼？本來可不可能避免？能從這次經驗學到什麼？下次應該有什麼不同做法？

「認錯」是表明了我們有改變的意願，並可啟發別人做出好的改變。

「我可能錯了，你才是對的！」假如在與人辯論或是爭吵後，說出這句話，結果會如何？是不是大大消除現場的火藥味，快速終止爭執？

「我很抱歉讓你有這種感覺。」「希望你能原諒我！」

當有人這樣跟你道歉，是否讓你比較釋懷，平復憤怒與情緒，有助修復關係？

最後「改過」，從錯誤中記起教訓，從錯誤中學習，錯誤將利多於弊。

第七章

你自己要好，這世界才會更好

這輩子就只能這樣？——倦怠和無奈

一位讀者問：我是一個七年級生，進入職場不算長也不算短的時間，最近常覺得生活無趣。每天重複的日子，感覺乏味倦怠了，有時候很擔心自己是不是一輩子就只能這樣？

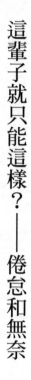

是誰說你就只能這樣？人生就是一連串的選擇累積而成。大部分的人都在不知不覺中「做了」選擇，而不自知。因為什麼事都不做，其實就是一種選擇。

我給的解方很簡單，要不「去喜歡」，要不「去改變」。你可以選擇轉換工作，改變生活，認識新朋友，培養一些興趣，參加有趣的課程；又或選擇不同的心態面對生活，其實你擁有的選擇遠多於自己的認知。

你的生命是什麼樣子，是因爲你選擇了要那個樣子

有一部喜劇電影，《今天暫時停止（Groundhog Day，土撥鼠日）》。主角菲爾是個氣象播報員，每天除了給觀眾做天氣預報外，每年的二月二日還要奉命到一處小鎮報導當地頗富盛名的「土撥鼠日」盛會。

其實，菲爾對這一節日相當厭煩並開始對工作感到倦怠，當他例行公事完成今年的報導後，便急忙地想重返家園，卻因一場突如其來的暴風雪耽擱了。

第二天醒來後，菲爾意外地發現時間仍然停留在前一天土撥鼠日，無論這一天他是怎麼過的，隔天他會再度回到二月二日，昨日的一切重新上演。他陷入驚訝、煩悶、懊惱、抑鬱、絕望和無奈。

後來，他幡然醒悟，反正日子還是要繼續「重複過」，那不如利用這項優

勢，讓自己充實一點，於是他開始學習各式各樣的事物，語言、文學、彈鋼琴等等。他不再迫不及待逃離這個讓他厭惡的日子，而是選擇改變自己。他也開始去幫助別人，關懷身邊的人，主動對陌生人施以援手，改善周邊的人際關係。

到了最後，他成了一位多才多藝，樂於助人的大好人，而且還抱得美人歸。就在他終於獲得女主角青睞的這一晚，詛咒解除了，他終於擺脫了這一切的束縛，迎向美好的「明天」。

每當生活發生了什麼事時，對我們而言都是一個新機會。要選擇擺張臭臉，或是報以微笑？要選擇哀怨自憐，或是另尋出路？關鍵不在於你經歷了什麼，而是你選擇如何面對。NBA傳奇球星達拉斯的德克．諾威斯基（Dirk Nowitzki）曾有感而發，他說：「當你愈被人看不起時，你有兩個選擇：一個是逃避忽視，一個是積極反撲，而我決定選擇後者，而也才有現在的我」

有人單親家庭出身，所以自暴自棄，也有人因此奮發向上；有人出身家暴家庭，於是決定，終身不成為施暴者；也有人認為自己變成施暴者也是沒辦法的事。曾聽過一位更生人的感言：「現在我終於明白是我的選擇讓我入獄，而我的選擇會讓我出獄，也是我的選擇令我今後不再入獄。」

你的生命是什麼樣子，所處的狀態是什麼，都是因為你選擇了要那個樣子。我記得有一位憂鬱傾向的患者，朋友勸他去渡假，改變一下想法。他回答朋友說：「沒有用的，無論在哪裡，我都有辦法不快樂的！」

另有一個癌症病人，醫生告訴她只剩一年可活，她做了選擇，只要還有一口氣就要盡量去活。她到世界各地旅遊、玩樂。或許是死神一直找不到她吧，現在她已多活了好幾年。

既然能夠做比較好的選擇，爲什麼要做比較差的呢？

分享托爾斯泰說過的一段話：

「人一生中與真理之間的關係，很像一個在黑暗趕路而前面有燈光照著的

人。他無法看見那些沒被燈光照亮的地方，也沒有能力改變自己與燈光和與黑暗的關係。但是，他無論站在道路的哪一點，都能看見那被燈光照亮的地方，也永遠有自由去選擇道路的這一邊或是那一邊。」

如果你認為自己「就只能這樣」，你以為自己沒有選擇，你其實還有其他選擇，只是你還沒看見這些選擇而已。就像坐在一個房子裡，你在陰暗的角落，一片漆黑，什麼也看不到。但如果你選擇坐在窗戶旁邊，或走出門外，你將看到隨處都是風景。

人生都是自己的選擇。我並不是說，做選擇是容易的，而是你永遠可以有所選擇，既然能夠做比較好的選擇，為什麼要做比較差的呢？

現在的生活，是你「最佳選擇」嗎？

生活不順心時，問問自己：「是誰選擇了這種生活？」這是第一個步驟。接下來就想想，「我為什麼要選擇這種生活？」

心情不好時，不要再埋怨：「某人或某事讓我不快樂」，你要問自己：「為什麼我要選擇不快樂？」

如果你能專心觀察自己當下的選擇，就不會老懷疑生活怎麼會變成這副模樣。

這是個問題，還是機會？——悲觀消極

有一個測試：你正在銀行提款，一名蒙面男子出現，揮舞著槍要錢，逃離之前，為了嚇唬群眾制止追捕，歹徒舉槍四面掃射，一顆子彈打中你的手臂。你到底是幸運，還是不幸呢？假使是個悲觀的人，會說，「真是運氣不好！如果我早五分鐘或晚五分鐘到，就不會碰上這樣的麻煩了。而且，我還是唯一受傷的人。」然而，假使是個樂觀的人，會慶幸說，「好險！只差二十公分就是心臟，幸好有守護天使的保佑！」

這兩個答案反映了相反的世界觀：樂觀的和悲觀的。半杯水的故事想必大家耳熟能詳，樂觀者會往正面想：「還剩半杯水！」悲觀者則往負面角度想：「只剩下半杯水」。

樂觀的路愈走愈寬，悲觀的路愈走愈窄

樂觀者跟悲觀者最大的差別在於看事情的觀點。譬如打開窗戶看夜空，有的人看到的是星光璀璨，夜空明媚；有的人看到的是黑暗一片。進到牧場，有人看有好多的牛；有人卻看到好多的牛糞。這是何等的不同？

當遇到一個問題時，樂觀者說：「如果我願意，我就能辦到。」悲觀者說：「我辦不到，還是放棄算了。」樂觀者在問題中看到機會，悲觀者則在機會中看到問題。

當遇到一件壞事時，樂觀者覺得，「人生總有不如意的。」悲觀的人則會覺得，「我怎麼老是這倒楣。」樂觀的人把好事一般化，悲觀的人則把壞事一

般化。

當遇上挫敗時，樂觀者相信：「厄運很快就會過去，人生還有無限希望。」悲觀者認為：「大勢已去，人生無望前景黯淡。」樂觀使人生的路愈走愈寬，悲觀則讓人生的路愈走愈窄。

「不過，樂觀一定是好的嗎？」當我們鼓勵用正向積極的態度來面對困難，總有人質疑說，太樂觀是否不切實際？事實上，好事與壞事都會發生在每個人身上，若聚焦於負面事物，我們將強化負面和弱化正面的事實；選擇聚焦於正面事物，則賦予正面事物更強的力量，從而創造出更好的事實。

聚焦於正面事物並非不認清事實，忽視問題和挑戰，而是務實，不忽視正面的部分，因為正面和負面事物都是事實存在。樂觀積極，可以幫助我們轉換心情，在面對困局時，保持彈性看問題，不輕言放棄。

永遠不要放棄尋找事情的光明面

該怎麼做，才能成為樂觀者？

分享三種簡易方式，幫助你重整腦袋，啟動樂觀思考模式：

一、笑面對生活。笑容是具有感染力的，每天一早起床就笑，對家人笑，對迎面而來的人微笑，不久就會發現，周遭的人也開始對你笑。當你樂觀開朗，周圍就容易聚集開朗的人，周圍聚集著開朗的人，生活必定也充滿開心歡喜。

二、看見擁有，學會感恩。多留意你周遭美好的點點滴滴，去尋找值得感激的部分，寫下來：身體健康、家庭和樂、活潑的兒女、兩隻可愛的貓咪、許多關心你的朋友。或是期待的聚會、嚮往的旅遊、舒服的床……。每天晚上臨睡前，想想今天最美好的事情是什麼？今天一整天最感謝的事是什麼？今天最令你感謝的人是誰？如果你每天都這麼做，兩個月後，將是一個完全不一樣的人。

三、凡事往正面看。任何討厭糟糕的事，也有好的一面。把正向思考帶入日常生活。例如：

青菜有很多蟲，好的一面是沒灑太多農藥。

主管要求很高，好的一面是幫助學習進步。

責任愈來愈重，好的一面是你愈來愈重要。

餐廳料理難吃，好的一面是吃少有利減肥。

愛人移情別戀，好的一面是不愛你的人走了。

失意落魄潦倒，好的一面是可以看清誰才是朋友。

今天家裡停電，好的一面是可以把冰淇淋都吃掉。

在最糟的情況下也能看到好的一面，這就是樂觀。永遠不要放棄尋找事情的光明面，就算有時候有點困難，也要試著找到它。

當白晝來臨時，黑暗去了哪裡？

當你眉開眼笑，愁眉苦臉哪裡去了？

消除心中不愉快最有效的方法，無過於把注意放在愉悅的事物上。

找張紙在上面寫出：

「我喜歡——，因為……」

「我開心——，因為……」

在空格中你可以填入某個人、某件事或某個想法，然後在後面再寫下喜歡和開心的理由，經常練習正向思考就會變成習慣，你就樂觀開朗的人。

等以後，生命已經過去——錯過人生

深藏在每個人內心似乎都有個美麗境地，在那裡風光明媚，景致怡人；並且當我們到達時，許多夢想都將成真，從此過著幸福快樂的生活。於是我們不斷等、等、等。

我們說：「等我畢業」、「等我通過考試」、「等我找到工作」、「等到我晉升」、「等我賺夠了錢」、「等我退休以後」……想做的事，想過的生活，答應過的承諾，就這樣一再延後。然而父母一天一天的老了，小孩一天一天的大了，生命也一天一天過了。逝去的時間，無法挽回；失去的人生，便永遠不再。為什麼要等以後？

古羅馬哲學家塞內卡如是說：「當我們等著要去生活的時候，生命已經過去了。」如果你聽過許多老人敘述自己的生平故事，你會在每個背景不同的人用雷同的話來描述自己的人生經歷，其中最常聽到的一句話就是——「時間過得好快」。一位老先生告訴我：「當你還很年輕的時候，七十年感覺起來好像很久，但在你活完這段時間之後，你會覺得那不過是一瞬間。」

人生不是追求幸福，而是在追求中活出幸福

摘自作家芭芭拉·安吉麗思（Barbara De Angelis）在《活在當下》書中的一段話。

起初，我想進大學，想得要死。

隨後，我巴不得大學趕快畢業。

接著，我想結婚，想有小孩，想得要死。

再來，我又巴望小孩快點長大去上學，讓我回去上班。

之後，我每天都想著退休，想得要死。

現在，我真的快死了。

忽然間，我明白了，我忘了真正去活。

人生，不是在計劃生活，要去真實的生活。「真正的生活」就是現在。不管我們在哪裡、做什麼，真正的生活就是當下正在發生的這一刻。我們無法活在其他時刻中，過去已過去，未來還沒有來臨，你不可能活在其中。即使等它到來時，事情和你計劃中的往往也不一樣。

從前有一個貧窮的人，想請親友來家裡做客。他想了很久，決定要用牛奶來招待他們，因為時候未到，擔心若先將牛奶擠出來積存於木桶中，屆時恐怕會變酸、壞掉，於是便想個主意，將牛奶暫時存在母牛的肚子裡，等到宴會時一次擠出，又多又新鮮，豈不甚妙？打定了主意，主人便把母牛和那隻還在吃奶的小牛隔離開來，牛奶也不擠了。

誰知真的到請客的時候，牛奶卻一滴也擠不出來，主人及賓客只好望著空碗惋惜了。

我們為未來做準備，為孩子做準備，為事業做準備，為退休做準備，卻忘了享受當下的每一個片刻。其實，幸福可以在任何時間和地點發生，美好的事物也隨時隨地找上門，並非真的要等到特定日子才會出現。將希望寄予以後，我們不知失去了多少可能的幸福。

「享受活著」，就是這趟旅程的目的地

「如果知道自己快死了，你會做些什麼？」聽起來悲觀的一句話，卻是正向積極的好問題。這句話提醒我們搞清楚：什麼才是對自己真正重要的？想要和誰共度最後的時刻？你想做的事都做了嗎？有什麼沒做的事情而感到遺憾？

我把以前同事給我的留言做成書籤：「等下週一見面再說。」那是星期五，他臨時有事，跟我的助理留了這句話，星期天的晚上，他心臟病發作往生了，他的人生永遠沒有下週一了。

每一天，都不是必然會到來的一天。要及時去做那些讓你自己覺得開心，或是讓你所愛的人覺得幸福的事。不用等到「功成名就」，才開始好好過日子；不要等到「可以鬆口氣」，才開始享受人生。生命是不等人的。

戴爾．卡內基曾寫道：「我認為人類很悲哀的地方就是，我們都期望將來再去好好過活。夢想著要去看地平線彼端的那座神奇玫瑰花園，卻不肯好好欣賞現在就盛開在我們窗戶外頭的那叢玫瑰。」

生命是一趟旅程，它並沒有最終的目的地，如果有的話，那就是墓地。「享受活著」，就是這趟旅程的目的地。所以，在旅途上，多駐足欣賞沿途的風光，關心陪伴在身旁的人，感知幸福的那顆心——美麗境地在那裡。

人們經常說：「如果人生可以重來，我希望……。」「如果能再年輕一次，我就去做……。」為什麼這麼說？就是因為他們錯過那時想做的事。

如果你人生可以重來，你想做點不同的事，你過的就是不想過的生活。

你可以這樣問問自己：

當生命終了時，你會不會希望自己曾經是以另一種方式過活？那為什麼不現在就這麼過呢？

人到了一定年紀，常遺憾自己錯過了什麼，期待完成未了的心願，只可惜想歸想，就算有機會實現，也人事皆非，心境和感受都截然不同。

這輩子最好就是現在，好好珍惜把握吧！

人的不幸就在，不知自己幸福——不滿足

什麼是滿足，什麼是不滿足？

有人只要能溫飽就心滿意足，有人過著錦衣玉食仍不滿足；有時，雖然我們沒有要求，也沒有尋找什麼，幸福卻降臨在自己身上。有時，我們才剛得到欲求的事物，又興起了追下一個目標的念頭。

簡單說，滿足就是看見擁有的，不滿足就是想要更多。以前我文章被刊載於報章雜誌就很開心，後來目標是能成為出書的作家，我就滿足了；然而當願望實現，我想法馬上就從：「成為一名作家，我就會滿足。」轉變成：「如果

我能成為一名暢銷作家，我就滿足。」

我們常以為，若能得到更大成就、更多錢、更高職位、更高級享受……就會滿足。其實，不滿總是存在心裡，因為欲望是不可能被滿足，它的本質就是不滿足。

一個欲望的滿足，往往象徵更多欲望的滋生

你是否觀察過，你的欲望從何而來？你看到同學買了新手機，那是最新的款式，你的欲求就產生。當你的親友買了名牌包，你又心動。當你看到一部車，為它的酷炫感到驚艷，你開始想像開著它的景象，別人看到會怎麼說，自豪感不由而生；也許你已經有車子，或許你並沒有足夠的錢，但你會一想再想，你的欲望就是這麼來的。

「只要渴望的東西距離我們還很遙遠，我們就會覺得它的地位高於一切；

一旦得到它，我們就想要別的東西，生命中這樣的渴望讓我們不得安寧。」羅馬哲學家盧克萊修確切指出了這一點。一個欲望的滿足，往往象徵更多欲望的滋生。

還記得你的第一部新車嗎？還記得初次開著那部車的興奮之情？後來呢？大家應該很清楚接下來的情況：一陣子以後，當我們開車時，就再也沒有任何興奮或快樂的感覺，對嗎？

我們可以在每天生活中看到自己經歷同樣的過程：一件新衣在剛得到時愛不釋手，一段時間之後卻變得平淡無奇；金榜題名，加薪升職，買到新鞋或新衣……這些都曾讓我們雀躍不已，但是很快的，又有了新的欲求。

蘇格拉底談到快樂時，排斥了物質欲望的滿足，因為那正像是將水倒入會漏的篩子，永遠無法使它裝滿。他知道，如果欲望還在就不可能快樂。當欲望沒有被滿足的我們會感到痛苦，滿足了欲望的我們一樣感到痛苦，因為更多欲望的產生，就意謂有更多的不滿。

當你知足，就不會有那麼多欲望

希臘哲學家克里安德，見多識廣，博學多聞，當他八十高齡時，有人問他：「誰是世上最富有的人？」他斬釘截鐵地說：「知足的人。」

一個人覺得窮，不是因為他缺少了什麼，而是因為不知足。人感到富有，不是因為擁有什麼，而是因為他很滿足。大人很難快樂，因為他們什麼都有，所以「沒什麼」值得快樂。小孩比較容易快樂，因為他們什麼都沒有，什麼都可以快樂。

看看你櫃子裡的衣服、鞋子、飾品，你可能覺得還缺什麼。但比起你在學生時代所擁有的，現在已經多出很多了。為什麼還不滿足？因為你的心不在已經擁有的東西上，你一直在尋找那些沒有的。結果，你愈去想自己欠缺的，就愈發沮喪，而愈沮喪就愈會去想欠缺的。於是，你變得不滿，總是抱怨，這又如何感受到幸福？

擁有想要的東西，是莫大的幸福，但更大的幸福是不去想那些無法擁有的東西。不要老是用「要怎麼滿足」的方式來思考，而是「為什麼有那麼多欲望」？如果你的欲望讓你不滿，你要做的，應該是限制欲望，而不是設法滿足它們，不是嗎？

滿足在哪裡？就在你心裡，你所尋找的就在你內在。

有人到遠方尋找，花無數的錢去買，然而更容易的秘訣是：先滿足起來，你的內心自然會感受到。

什麼會讓你感到幸福？晨起喝一杯茶，聞到剛出爐的麵包，看著小孩子的笑臉，蝴蝶的斑斕色彩，在山上健行，在林中漫步，躺在草地上，感覺微風吹拂，展望夕陽的餘暉，如鑽石般的繁星……幸福就在身旁，欠缺的只是用心感受。

人會受苦的最大原因——抗拒真相

在這世界上，沒有任何發生的事，是完全按照個人的意願來進行的。世事無常，不如意事常八九。我們滿心期待，卻事與願違；我們擔心害怕，但它還是發生了；我們以為一切都在掌握之中，但一場突如其來的意外就打亂。生命就是如此，無論你願意接受還是不願意接受，這就是生活的真相。

人們活在痛苦中，原因就在抗拒真相。只要留意一下，當痛苦的時候，你內心發生什麼事？是不是眼前發生的事不合你意，事情沒有照你所想的方式發生？又或是你沒得到想得到的，失去了不想失去的？所以你挫折、懊惱、憤怒、悲傷、沮喪，對嗎？心裡愈抗拒，感受到的負面情緒就愈嚴重。基本上，一切苦的產生不外乎此。

然而，誰承諾過你的人生一定會一帆風順？是誰告訴你，哪件事是好事或壞事？你是否質疑過自己，憑什麼認為不好的事就不應該存在？

人生苦難無法避免，受苦卻是不必要的

事實就是事實，它跟我們的好惡無關，也跟苦樂無關，這都是我們自己論斷罷了。真正存在的只有真相，當你把它視為「壞的」，便往壞處想，接下來，你開始抱持著負面的心態，認為這種情況根本不應該發生；而當不應該發生的事，真的發生了，它才會變成痛苦的。

這就好比白天與黑夜。有白天就會有黑夜，如果你討厭黑夜，你將是痛苦的，黑夜並不會帶來痛苦，是因為你抗拒黑夜，所以痛苦才會產生。因為無論

那一天，在那個地方，黑夜總是存在的。

接納就是看清真相，看到本質。有時你的遭遇確實很難熬，現實殘酷，可是這就是人生啊！不要把生命當成敵人，生命是來豐富我們的。想想，如果你未曾經歷你所遭遇的一切，內在如何成長？若沒有變化無常，生命怎麼可能精彩？若沒有艱難險阻，又如何體驗真實人生？

所以，不要做判斷，也不去選擇，因為你不知道事情為何發生，也不知道它會帶來什麼樣的結果。今天我們認為不幸的事，到了明天或後天可能扭轉了生命歷程，逆境反而幫我們逆轉局勢；我們想避免的，也許是機會所在；讓我們遠離幸福的，也可能使我們更清楚幸福。

人生苦難無法避免，受苦卻是不必要的。一旦你能理解生命中發生的一切及生命本身的過程，你的苦也隨之煙消雲散。就像許多母親歷經生產過程的疼痛，但並不會感到痛苦；反會透過這個歷程，對生命感到強烈的歡喜感動。

在內心深處，也無風雨也無晴

去喜歡眼前生活，接納一切，這就是臣服。臣服並不是改變真相，臣服改變的是你。當你轉變了，你的整個世界也跟著改變。因為你已經不同了。

英國著名的詩人威廉．布萊克說：「人生有喜有悲，一旦我們能體認這一點，就能無災無難過一生。」

一個人生命圓滿與否，就在他是否願意去體驗這一切——高峰低谷，成敗得失，酸甜苦辣，悲歡離合，生老病死，和所有的不如意。愈是接受生命的不圓滿，內心不滿也就無從升起。接受無常，便曉得苦不會是永遠的苦，樂也不會是永遠的樂，都只是暫時的現象。就因為短暫懂得灑脫豁達以對。

不去抗拒生命，就是活在輕鬆自在裡；全然接納當下時刻，心就會平靜下來。如同天氣總是風雨陰晴，但在內心深處，也無風雨也無晴。

人生絕不可能盡如人意，如果我們要求「事事如意」，只要不合意的，就變成問題。要釐清問題，你可以這樣自問：

「為什麼我認為這是問題？」

「別人是否也有同樣問題？」

想想，你有某個問題，你為某事困擾，但別人並沒有這困擾，這個「有問題的人」是誰？

現在試試看，全然接受，不再抗拒，那麼它就不再是個問題，它就只是個事件而已。所謂的「問題」也不存在了，對嗎？

高寶書版集團
gobooks.com.tw

HL 072
你最大的敵人，一直都是自己
作　　者　何權峰
編　　輯　賴芯葳
主　　編　吳珮旻
內文排版　賴姵均
封面設計　林政嘉
企　　畫　何嘉雯

發 行 人　朱凱蕾
出　　版　英屬維京群島商高寶國際有限公司台灣分公司
　　　　　Global Group Holdings, Ltd.
地　　址　台北市內湖區洲子街 88 號 3 樓
網　　址　gobooks.com.tw
電　　話　(02) 27992788
電　　郵　readers@gobooks.com.tw（讀者服務部）
　　　　　pr@gobooks.com.tw（公關諮詢部）
傳　　真　出版部 (02) 27990909　行銷部 (02) 27993088
郵政劃撥　19394552
戶　　名　英屬維京群島商高寶國際有限公司台灣分公司
發　　行　英屬維京群島商高寶國際有限公司台灣分公司
初版日期：2019 年 11 月

國家圖書館出版品預行編目 (CIP) 資料

你最大的敵人，一直都是自己 / 何權峰著 .
-- 初版 . -- 臺北市 : 高寶國際出版 :
高寶國際發行 , 2019.11
　面；　公分 . -- (生活勵志 ; HL072)

ISBN 978-986-361-752-5(平裝)
1. 修身　2. 生活指導
192.1　　　　　　108017153